気ぬけごはん

2

東京のち神戸、ときどき旅

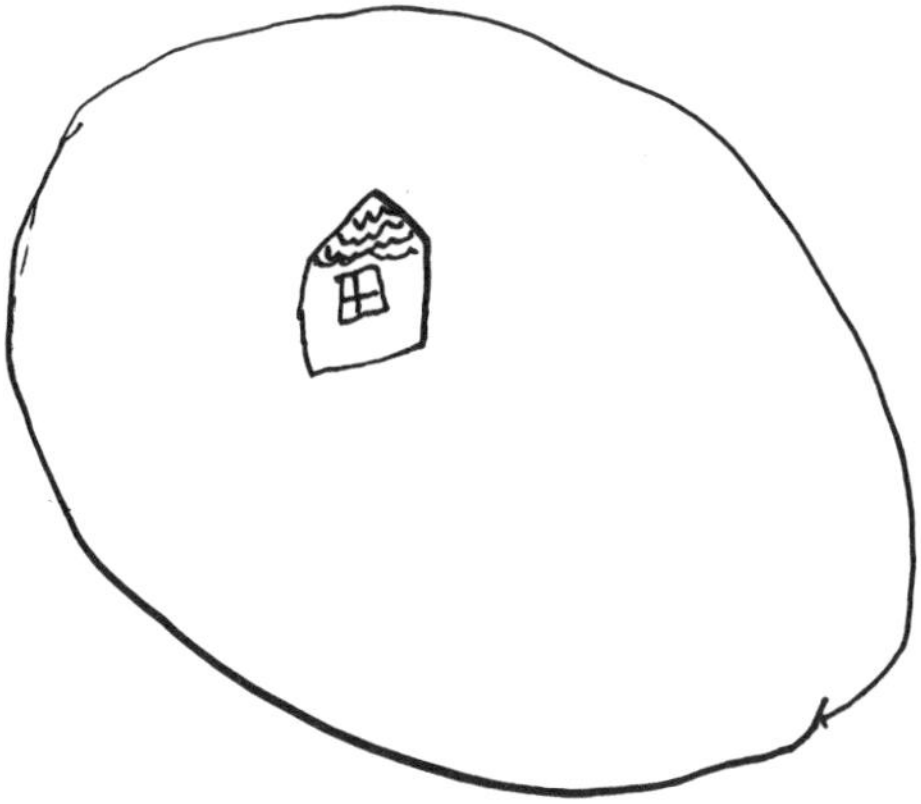

文・料理　高山なおみ

はじめに

ひとり暮らしをはじめてから、今年で5年目。

近頃は明るいうちに仕事を終わらせ、西陽の当たる海と空をつまみにワインを楽しんだりもしています。「今日もよくがんばったなぁ、おつかれさま」と、ひとりごとを言いながら。

東京にいた頃には夫とふたり分のごはんを作っていましたが、今彼は本の前半にも登場する山の家で暮らしています。

私の方は、神戸の六甲山のふもと。長い坂道を上った先にある古いマンションで、ひとり分のごはんを作る毎日です。

この本は、2013年の冬から2020年の初夏にかけて、『暮しの手帖』で連載した「気ぬけごはん」をまとめたもの。移住の時期をまたいでいるので、「東京のち神戸、ときどき旅」と副題をつけました。

七年ひと昔。そのあいだには、世の中にも私の身のまわりにもいろんなことがあったけれど、「気ぬけごはん」がいつも、私の暮らしの中から生まれてくることには変わりありません。2019年の春から夏にかけては、神戸と実家の静岡を往復しながら病床の母の隣で多くの時間を過ごし、天国へ見送ることもできました。

さて、ついこのあいだ、こんなことがありました。

うちにはオーブントースターがないので、朝ごはんのパンはホイルをかぶせ、鉄のフライパンで焼いています。片面を香ばしく焼いて、裏返したら火を止め、いつもはバターをのせて余熱で溶かすのですが、その日はたまたまあったチョコをのせてみたのです。

裏側にも焼き色がついた頃、チョコはうまいこと溶け、半分に折りたたんで食べてみたらとってもおいしかった。チョコ・デニッシュみたいで。なんのことはない、バターを切るのがめんどうだったので、目の前にあったチョコをのせてみただけです。

そのあくる日には、さらにバナナをのせ、くるっと巻いて食べました。

カリッと香ばしいトーストに、とろりとしたチョコとバナナ。それはそれは幸福な組み合わせ。

「気ぬけ」というのは「手ぬき」ではないと、つねづね思ってきた私ですが、この頃はもう、その境目が分からなくなってきました。

大きな気持ちでゆらゆらと、感じるままに作った気取りのないごはん。何よりもおいしくて、作っているときにうしろめたい気持ちがしない。しいていうなら、それが「気ぬけごはん」の定義でしょうか。

きっと、みなさんの暮らしの中にも、目からウロコの「気ぬけごはん」が日々生まれていることでしょう。いつか、こっそり教えていただきたいです。

もくじ

ここから神戸

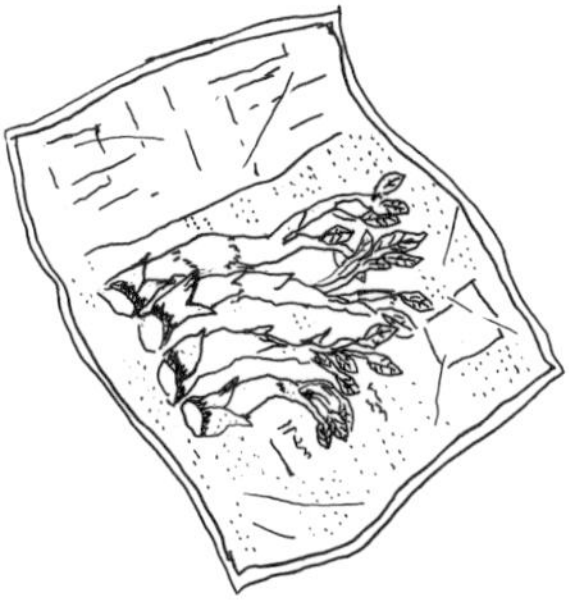

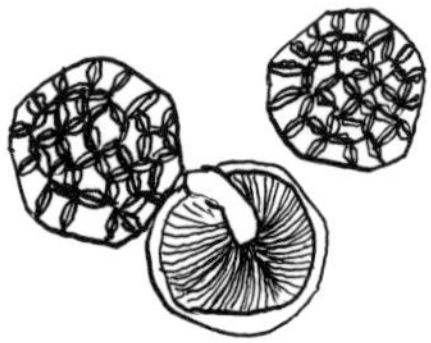

ブックデザイン　宮古美智代
題字・装画・カット　高橋かおり
編集　村上薫
校閲　オフィスバンズ

ゆうべから
降り続いていた
雨が、
お昼には
天気雨になりました。
きつねの
嫁入りです。

ヨーグルトの冷たいスープ&冷やだし豆腐ご飯

6月に女友だちとウズベキスタンに行ってきました。中央アジアに位置するウズベキスタンは、シルクロードの国。砂漠の中にこつ然と現れたオアシスのようなところです。

日中は太陽の光が容赦なくふり注ぐので、長袖を着るか布を羽織らないと、肌が焼けて痛いほどでした。

飲んでも飲んでもすぐにのどが渇き、どこへ行くにも1リットルのミネラル水をラッパ飲みしながら歩いていました。

それでも空気が乾燥しているせいか、木陰に入れば涼しい風が吹きぬけます。

車での移動中、小さな集落に立ち寄ってひと休みしたときのこと、ぶどう棚の下で食事をとっていた男たちの足元を流れる小川のせせらぎには、スイカやジュースのビンが冷やしてありました。

私たちの運転手さんが、お茶用のお椀に注がれた白い汁をスプーンですくって飲んでいます。ひと口もらってみると、ほんのりとした塩味の冷たいヨーグルトスープで、細かく刻んだきゅうりやトマト、ディルが浮かんでいました。「チャロップ」というのだとか。

山羊のチーズのような、ちょっとクセのある風味が舌に残りましたが、ウズベクの人たちは大人も子どももこの「チャロップ」が大好きで、夏がくるのを楽しみにしているんだそうです。

濃厚なヨーグルトを布袋に包んでぶら下げ、水けをきってこしらえる「チャッカ」は、サワークリームとクリームチーズの中間のような味。「チャロップ」は、この「チャッカ」を冷たい水でのばしたものだと教わりました。

「チャッカ」もまた、ウズベクの人たちの大好物らしく、食堂でも民宿でも、食卓の上にはいつも必ず用意されていました。お盆みたいな丸いパンをちぎって、バターのようにつけたり、トマト味の煮込みうどんや、肉とじゃがいもの煮込み料理、スープや雑炊など、何にでも溶かし込んで食べるのです。

「チャッカ」を丸めて干し、カチカチのチーズにすることもあるそうです。これは、大昔からの羊飼いの携帯食。

観光地の泉のある寺院の木陰で飲んだ「チャロップ」は、クセがなくとてもおいしいものでした。花柄のワンピースに、同系色のエプロンを巻いたおしゃれな若奥さんが、ホウロウバケツに入れて売り歩いていたのです。シャクシャクとしたきゅうりの歯ごたえと、トマトの酸味も爽やかで、飲むサラダのよう。火照った体が内側から冷やされ、スーッと汗がひいていきました。

さて、東京の夏も、今年はとてつもなく暑い日が続きました。ベランダで洗濯物を干していると、あまりの熱気に息ができないほど。台所に立つたびに汗だくとなり、一日に何度も水風呂に浸かって過ごしました。

まるで、夏休みの宿題のように、机にかじりついていた原稿書きの日々。お昼どきになるとお腹を空かせた夫が催促にくるので、いくら夢中で書いていても立ち上がり、ぶっかけそうめんやら冷やしラーメンなど、簡単にできるものをよくこしらえました。なかでも冷やだし豆腐ご飯は、夫にも大好評でした。たまたま冷蔵庫にあった冷たいだし汁と、冷やご飯。もめん豆腐に、しらすに、しょうが。ふと思いついて、塩もみにしておいたきゅうりを浮かべたら、彩りのいい涼しげなどんぶりになりました。この夏のヒットです。

【作り方】

◎ヨーグルトの冷たいスープ（2人分）

1　ヨーグルト1カップ、冷水1/2カップ、塩小さじ1/2をボウルに合わせ、よく混ぜます。

2　きゅうり1/2本、ミニトマト2個を5ミリ角に刻み、1に加えます。ディルも細かく刻んで混ぜます。カフェオレボウルのような器に盛って粗びき黒こしょうをふり、スプーンですくっていただきます。

◎冷やだし豆腐ご飯（2人分）

1　どんぶりに冷やご飯を盛り、もめん豆腐1/2丁を半分にして、それぞれのご飯にくずしながらのせます。しらすとおろししょうがも豆腐の上にのせておきます。
2　冷たいだし汁に冷水を加えてのばし、薄口しょうゆを加えます。だし汁の薄め加減としょうゆの塩梅《あんばい》は、ぎりぎり味がするくらいの薄さがおすすめです。
3　1の上から2をたっぷり注ぎ、塩もみしたきゅうりの薄切りを浮かべてください。青じそやみょうがのせん切りをあしらってもおいしそうです。

気ぬけアイスカフェ・ラテ

何度も書いてしまってうらみがましいようですが、今年の夏は暑さにもめげず、どこへも出かけずに机にかじりついて原稿ばかり書いていました。

そんなある日の打ち合わせ、編集者がスターバックスのアイスカフェ・ラテをお土産に持ってきてくださったんです。

私はプラスチックの透明カップと緑色のストローを大切にとっておき、アイスカフェ・ラテを何度も作って楽しみました。ちゃんとふたをして、ストローで飲むのです。

これまでいちども会社勤めをしたことのない私ですが、スターバックスのコーヒーが机の上にあると、オフィスビルの一室で、仕事仲間とパソコンに向かっているような気分になれるのです。おかげで集中力が高まり、原稿書きもはかどるというもの。インスタントコーヒーが、ひと味もふた味もおいしく感じられました。

ちくわの天ぷら蕎麦

ざる蕎麦にはいつも乾麺をゆでますが、温かいお蕎麦には、ゆでてある麺を使うのが近頃のお気に入り。ビニール袋に入ったあれです。子どもの頃祖母がよく使っていたからでしょうか、歯ごたえのない、頼りない噛み心地が、お腹にも心にもやさしいのです。

では2人分の作り方です。

天ぷらにするちくわは、生食用と書かれた丈の短いちょっと太めのものを使うと、ご馳走感が出ます。

まず、天ぷら粉大さじ4に水大さじ4と1/2、青のり小さじ1を加えてざっくり混ぜ、衣を作ります。ちくわ3本はたて半分に切り、衣をからませてカラッと揚げます。鍋にだし汁1リットル、酒大さじ1、みりん大さじ1、しょうゆ大さじ3と1/2を煮立たせ、蕎麦2袋を加えます。麺が自然にほぐれてきたら箸で混ぜ、しっかりと温まったところでどんぶりにあけて、長ねぎの刻んだものと、揚げたてのちくわをのせます。

いくら気のぬけたお蕎麦でも、寒い日にはあらかじめどんぶりに熱湯を張り、温めておくのだけは忘れないでください。

枝豆と鶏肉の炒め物

秋のはじめに、近所の友人がぷっくり太った黒大豆の枝豆を届けてくれました。実家のお母さんが家庭菜園で育てているものだそうで、毎年この時季になると、おすそわけしてくれるのです。

その晩は、ゆでたてをビールと共に夫と頬張りました。それはそれはみずみずしく、ねっとりと肉のように濃厚な味です。けれども枝豆は採れたてが命、できるだけ早くゆでようと、張り切ってぜんぶ鍋に放り込んでしまったので、ふたりではとても食べ切れません。

翌々日、冷蔵庫でさびしそうにしているのをみつけた夫から、「さやからはずして炒め物にしてくれ」と、リクエストされました。

夕方の子ども向けアニメを見ながら、洗濯物をたたむのが私の日課ですが、枝豆のさやはずしもまた、心が落ち着いてなかなかいいもの。さやをはずすと、黒大豆の大きな粒は黒っぽい薄皮でおおわれています。塩味だけであっさり炒めようとして薄皮をむきはじめたのですが、手間がかかるので途中でやめました。冷凍庫にはちょうど鶏肉もあるし、にんにくやしょうがと合わせて中国風に炒めることにしたのです。焼きめをつけるには、薄皮がついているくらいの方が香ばしくておいしそうですから。

作っているうちに思い出したのですが、以前コマーシャルの仕事で中国に行ったとき、レストランでこんな枝豆料理を食べたことがありました。

本場のはたっぷりの唐辛子だったか、粗めにつぶした花椒《ホワジャオ》だったかで、ピリッと炒めてあったような気がします。

【作り方】２人分

１　にんにくとしょうが各1/2片はみじん切りに、鶏のムネ肉1/2枚は枝豆よりひとまわり大きいくらいの角切りにし、塩、黒こしょう、酒、ごま油各少々をもみこんでおきます。

２　フライパンにごま油大さじ１を熱し、にんにくとしょうがを炒めます。いい香りがのぼってきたら、鶏肉を加えて軽く炒めます。早めに枝豆１カップ強を加え、油をからめて炒め合わせます。途中で塩をふってください。

３　枝豆に焼きめがつき、鶏肉にも火が通ったら、酒大さじ１をふりかけ、香りづけ程度にしょうゆを鍋肌からまわします。こしょうをたっぷりひいてでき上がり。

枝豆が出盛りの季節に、ぜひためしてみてください。

自家製アジの干物

朝ごはんを食べ終わったあと、ひさしぶりに散歩に出たら、どこもかしこも紅葉していて驚きました。中央公園の木々は赤、オレンジ、茶色。銀杏並木もまっ黄色に燃えています。

銀杏はこのあいだまで黄緑の葉が茂って、黄色味がぼちぼち差してきたなと思っていたところだったのに。ここを歩くのは10日ぶり、近頃私は書きものに追われていて、散歩どころではなかったのです。

帰りがけに寄ったスーパーの野菜売り場では、ほうれん草や小松菜、セリなどの葉ものが幅をきかせていました。いつのまにやら、白菜もずいぶん実がつまっています。魚売り場の氷の中に、千葉県産の大きなアジをみつけました。目玉がキラキラと光って、見るからにイキがよさそう。２匹買いました。空気が乾燥した今日みたいな日は、まさに干物日和です。

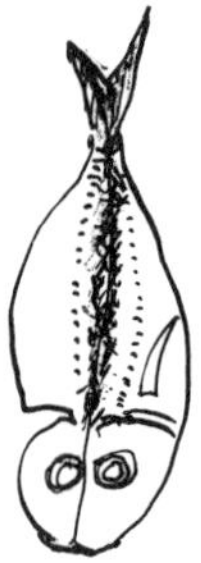

うちに帰るとすぐ、まな板の上にアジをのせました。ためしに寸法をはかってみたら、しっぽのつけ根まで26センチもある大物でした。まず、庖丁をねかせてゼイゴを削ぎます。お腹にも庖丁を入れ、ワタを取り出し背骨に沿って開きます。干物を作るにはいつも丸ごと開くのですが、焼くときに網からはみ出してしまいそうな気がして、頭は切り落とすことにしました。これをよく洗い、ひたひたの塩水に浸けるのです。

私の干物作りの先生は、ドイツのベルリンで暮らしている美術家の島袋道浩《しまぶくみちひろ》さん（現在は沖縄で暮らしていらっしゃいます）。第4世紀45号（2010年 春の号）の『暮しの手帖』の記事を読んでからというもの、彼の言葉をいつも思い出しながらやっています。

その記事は、窓辺に干された小さなイカの写真からはじまります。針金ハンガーに木の洗濯バサミでとめられた4枚のイカが、太陽の光にさらされ、白く透けています。見開きページいっぱいのその写真は、まるで雑誌の中にある窓のよう。澄んだ空気や風、チューイチューイと鳥のさえずりまで聞こえてきそうです。写真を撮ったのも、島袋さんです。

島袋さんの干物作りは、塩が何グラムで水の量が何リットル、干すのは何時間だとか、数字にたよったものではありません。手順はすべて体で感じながら。いちどためしたら絶対に忘れません。

「魚を卸して、海水よりもちょっと辛いかなぁと思うくらいの塩水に浸けて、30分から1時間。水けをきり、ザルでも洗濯干しでも、魚を並べるか挟んで吊るすかして、半日。天候や干物の乾き具合によっては、次の日の朝まで。ときどき風や太陽、夜空の星を眺めて、雨が降らないことを確かめて」

私が干物を作るときには、まず、自分が泳いでいるつもりになるところからはじめます。海水の塩からさを口の中に再現し、それよりもう少ししょっぱめな塩水を作ればよいのです。

浸ける時間はほとんど気分まかせ。書きものに夢中になっているときなど、ついつい1時間以上放っておいてしまうこともあります。それでもそれなりの、まるでそういう時間を味にしたような、満足のゆく干物が毎回できるのです。

さて、私の台所にもどりましょう。アジの水けをきったら、しっぽのつけ根のところを洗濯バサミ（専用のものを決めています）で挟んで、クリーニング屋さんのおまけのハンガーに逆さにしてぶら下げます。干しはじめは魚くさい塩水が落ちるので、ベランダの床に新聞紙を広げておくのも忘れずに。

昼食を食べながら窓辺を眺めると、2匹のアジも洗濯物といっしょに揺れていました。大家さんのどんぐりの枝も揺れ、ちょうどいい光と風の具合です。

「干しているうちに、カラカラになりすぎないように。表面が乾いて身が透き通ってきたら、でき上がり。今日の風なら何時間くらいかな、とか、寝る前に上げようか朝まで干そうか、というように自然と対話しながらつくります」

陽が傾いた頃ベランダに出てみると、アジの身はずいぶん乾き、触っても指につきません。まだ完全には透き通っていないけれど、今夜のうちに焼いて食べることにしました。暮れなずむ空に一番星が輝く頃、洗面所の窓際にうつし、夕飯の支度にとりかかります。

半干しの肉厚なアジの身はほろほろとやわらかく、今日の日を写しとったような味がして、夫も私も大満足でした。

桜大根

近頃、寝る前に毎週『サラメシ』（サラリーマンのお昼ごはんを取材したテレビ番組）を見ているせいか、お弁当をよく作るようになりました。といっても、夫も私も家で仕事をしているので持ち運びはせず、お昼になったらふたを開けて食べるだけのお弁当ごっこ。たまにみそ汁をこしらえてふたりでゆっくりいただくこともあるけれど、食卓の上にふたつ並べておいて、それぞれが食べたい時間にササッとかっこめるのが、何より気楽でいいのです。

なんとなく明日はお弁当が食べたいなというとき、夕食のあと片づけをしながら、残ったご飯だけお弁当箱に詰めておきます。ふりかけやゆかりをふることもあるし、小さな梅干しをぽつんとのせたり、しょうゆをひとぬりしたのりをかぶせておくこともあります。

翌朝、朝ごはんを支度しながら、ゆで卵やら卵焼き、ほうれん草のおひたしやらごま和え、あとはソーセージを炒めたり、ハンペンをつけ焼きにしたりしてちょっとしたおかずのたしを作ります。朝ごはんが終わったら、粗熱がとれたのを空いたところに詰め、あとはゆうべのおかずの残りや、ひじきやら何やら常備菜を詰めるのです。

おかずの味が染みた冷やご飯もまた、嚙みしめるほどにおいしいし、お弁当はそのひと箱だけで完結しているものだから、ゆで卵の上にふった4、5粒の炒りごまの香ばしさに、感じ入ったりもします。

こんな気のぬけたお弁当ですが、しばらく続けているうちに、できたてを味わうふだんのおかずとはちょっと違う要領で作っていることに気がつきました。たとえば青菜やいんげんをゆがくにしても、いつもは野菜の持ち味をいちばんに考え、庖丁を入れるのはゆでてからと決めていますが、お弁当用にはざくざくと先に切ってからゆでてしまいます。冷めてもおいしく食べられるよう、しっかりめの味付けにするので、ゆでるときに切り口から野菜の味が逃げてしまうことなど気にしません。

時間がたっても色が変わりにくいよう、ゆでたてを流水でキュッと冷やすのもいつもと違うところ（ふだんは自然に冷ましています）。とにかくちゃちゃっと手際よくやりたいのです。もうひとつ気がついたのは、どんな素材でもわりあい小さめに切っていること。お弁当箱をお箸でつついて食べる場面を想像すると、ついそうなってしまいます。

ところで、たまにお弁当屋さんでのり弁を買うと、必ず入っている桃色に染まった大根の漬け物。あってもなくてもいいような端役ですが、私はあれがあんがい好きです。最近、赤大根を着色料に使った紅しょうがをスーパーでみつけたので、しょうがを食べ終わった残りの赤い汁をとっておいて、大根の塩もみを漬けてみました。名づけて桜大根。ご飯にちょっとのっけるだけで、お弁当箱が花壇のように華やぎます。

そういえば子どもの頃、家族と同じおかずを細かく刻んだものを自分の茶碗のご飯にのせ、祖母が「お弁当」と呼んでおいしそうに食べていました。たくあんの黄色に、大根葉の漬け物やいんげんのごま和えなどなど、そこには必ず甘い金山寺みそもちょこんとのっていて……。今でも私は、祖母のことを思い浮かべながら、ときどき真似をしています。

【作り方】

1　3センチ長さの大根は、皮をむき、2ミリの厚さのいちょう切りにします。ボウルに入れて塩小さじ1/2をなじませ、30分ほどおいておきます。

2　水が出てしんなりしたら、キュッとしぼってしっかりと水けをきり、保存容器に入れた紅しょうがの汁に浸します。そのまま冷蔵庫に入れて保存し、桃色に染まったらでき上がりです。

※あまり日持ちがしないので、3、4日で食べ切ってください。

ヤンソンさんの誘惑

「ヤンソンさんの誘惑」という料理をご存知ですか。名前の由来にはいろいろな説があるようですが、私の愛読書『世界の料理シリーズ スカンジナビア料理』には、菜食主義者の熱心な宗教家エーリク・ヤンソンさんが、「このカリッと焼けた料理を見ると、激しく心が動揺して、ついに信徒たちを見捨てて、こっそりと食べた」とあります。

去年の暮れ、『ムーミン谷の十一月』(こちらもヤンソンさんですね)を読んで、すっかり北欧づいていた私は、クリスマスイブの前の日に、はじめてこの料理を作ってみました。『世界の料理シリーズ』のレシピのままではカロリーが高そうだったので、バターや生クリームはひかえめに。サワークリームを手作りする実験で、生クリームにヨーグルトを混ぜたものがちょうど冷蔵庫にあったので、それも合わせてみました(サワークリームを作るには、混ぜたものを室温において2日間発酵させると自然に固まるようですが、まちがえて私ははじめから冷蔵庫に入れてしまい、3日たっても5日たっても固まらなかったのです)。

さて、作り方はこうです。まずじゃがいも5個の皮をむき、細切りにします。色が変らないよう切ったものから水にさらしておいてください。フライパンにサラダオイル大さじ1とバター15グラムを熱し、薄切りにした玉ねぎ1個半を茶色くなるまで炒めます。これを薄くバターを塗った耐熱皿に半量分広げておきます。次に、水けをよく拭き取ったじゃがいもを半量並べ、その上に残りの玉ねぎ、細かく刻んだアンチョビ5切れ分を広げたら、残りのじゃがいもをかぶせます。一段ごとに塩と黒こしょうを軽くふりかけてください。最上段には、じゃがいもが見えなくなるまでまんべんなくパン粉をふりかけ、香ばしい焼き色がつくようバター15グラムをちぎって散らします。

小鍋に生クリーム1/2カップとサワークリームもどき、牛乳1/4カップを合わせて沸かし、塩少々を加えます(アンチョビの塩からさを頭に入れながら加減してください)。これをじゃがいもの上からまわしかけ、200度に温めておいたオーブンで、カリッと焦げめがつくまで45分ほど焼きます。

じつは、大げさな名前のわりにはたいしておいしい料理ではないんじゃないかと長年疑っていた私ですが、食べてみて驚きました。香ばしく焼けたじゃがいも、クリームがからまったその下のじゃがいも、アンチョビの塩からさ、玉ねぎの甘み。どれひとつが欠けても叶わない濃密な味わい。もしかすると、サワークリームもどきのせいもあるのでしょうか。

翌日、残ったものを温め直しても、さらにねっとりとふくよかな味になっていたことを、しつこくつけ加えておきます。
※サワークリームもどきの分量は、生クリーム1/4カップにヨーグルト小さじ1です。

韓国風干しダラのスープ

去年の冬だったか、スタイリストの高橋みどりさんから韓国土産の食材をいただ

きました。人さし指くらいの幅に細く裂いてある、使いやすそうな干しダラです。

密封できるビニール袋には、レシピ入りの手書きのメモが添えられていました。きっとみどりさんのことだから、土産物屋なんかのちまちました売り場ではなく、地元の人たちで賑わっている市場かスーパーで買ったのでしょう。そういうところの食材はびっくりするほど量が多いから、こんなふうに小分けしてメモを忍ばせ、身近な人たちにおすそわけするんだろうな。そんな感じのする気楽なお土産です。

みどりさんは人に何かをあげるのがとっても上手。撮影でごいっしょするときにも、スタッフみんながつまめるような手土産をさりげなく用意してくれています。ちょうど車の通り道にあるし、自分も食べたいから買ったという天然酵母の焼きたてパンや、吉祥寺に来るとつい寄りたくなってしまうという駅前の老舗せんべい屋の、桜の花びらをかたどったしょうゆせんべいなど。同じのを2冊持っているからとゆずり受けた古い料理書が、今となってはなかなか手に入らない、貴重なものだったということもありました。

さて、メモに書かれていたのは「干しダラのスープ」。

韓国風のスープというと、ついつい白菜キムチを加えたくなってしまうかもしれないけれど、ここはぐっとこらえてください。ふんわりもどったタラが油揚げのような、湯葉のような、なんともいえない食感になり、お腹も心もじんわりと温まる塩味の白いスープなのです。絹ごし豆腐と溶き卵のふわふわ、白菜もまたなくてはならない役まわり。みどりさんによれば、お酒を飲んだ翌朝にぴったりなスープなんだそうです。

冬がきたら、鍋焼きうどんのようにめいめいの土鍋でぜひこしらえてみてください。ふーふーいいながらスッカラ（韓国のスプーン）ですくっていただくスープは、底冷えのする日にぴったりです。

最後に、みどりさんの了解を得てメモ書きをここに載せさせていただきます。

「韓国、久々、おいしかったー　干しダラのスープ（トーフ　タラ　卵）もGood。（ここからはひとまわり小さな文字でレシピが続きます）干しダラをニンニクで炒めて（油で）、水入れて、クックツ煮て、白菜などのせん切り入れて煮て、最後にトーフ、とき卵。朝ごはんスープ」

なんという簡潔なレシピ！　これを見ながら私は何度作ったことでしょう。干しダラはとっくになくなってしまいましたが、どうしても私はこのペラッとした紙切れが捨てられません。

【作り方】１人分

１　干しダラ（日本産のものでもけっこう）は軽くひとつかみ、キッチンばさみで幅１センチ、長さ２、３センチに切っておきます。にんにく1/2片はみじん切り、白菜は５センチ長さの細切りをひとつかみ用意します。

２　ひとり用の土鍋を中火にかけ、ごま油小さじ１でにんにくを炒めます。干しダラを加えて炒め、油がまわってチリチリしてきたら１と1/2カップの水、鶏ガラスープの素小さじ1/3を加えます。

３　煮立ったら弱火にして２〜３分煮、白菜を加えます。塩ひとつまみをふってふたをし、さらに煮込みます。白菜がしんなりしたら絹ごし豆腐1/3丁を加え、鍋の中でくずします。ふたたび煮立ったら火を止め、溶き卵１個分を流し入れてふたをし、あとは余熱で火を通します。

カレー・ドリア

みなさんのおうちでは、残ったカレーをどんなふうに活用していますか？

わが家ではまず、翌日のカレーを夫がひとりで楽しみます。だいたいは昼食のことが多いけれど、トーストにつけて朝食で食べることもあります。鍋をかき混ぜながら、クツクツと温め直している夫の背中はとてもしあわせそう。寝る前からずっと楽しみにしていたのです。

カレーでもシチューでも煮しめでも、翌日の方が味がなじんでおいしくなるのは、作った人の作為が蒸発するからじゃないか、と夫はいいます。ひと晩ねかせることで気がぬけ、「おいしい」そのものになる。そこにはただ純粋に、カレーの味だけがあるんだそうです。

文章をひと晩ねかせることにも似ているといいます。何を書いたのか忘れてぐっすり眠ったら、翌朝読み直す。ひと晩でもふた晩でも、ねかせればねかせるほど無垢な心で向かえると。

ところで、残ったカレーではカレーうどんもよく作ります。コツというほどのものは何もないけれど、私はいつも、鍋にはりついているところもお玉でこそげ取るようにしながら、だし汁に溶かし込んでいます（ふたをして少し蒸らしておくと、はがれやすくなります）。カレーの鍋をだし汁で洗う感覚です。

みりんとしょうゆでほんのり甘めに仕立てたら、あとは大根、白菜、しいたけなど冷蔵庫にある野菜を放り込み、うどんが汁を吸ってくったりとやわらかくなるまで煮込みます。肌寒い日には、水溶き片栗粉でとろみづけをすることもあります。

さて、カレーの日の数日後、夕食の支度をしようとして冷凍庫に黄色いご飯をみつけました。ずいぶん前の撮影の残りの、サフランとターメリックのバターライスです。冷蔵庫には夫が食べ残したカレーが1人分だけ残っていました。

原稿の締め切りに追われていた私は、レンジで解凍したバターライスをそれぞれのグラタン皿に広げ、カレーを温め直してかけました。なんとなしに輪切りにしたトマトを上にのせ、冷蔵庫のすみで忘れられていたカマンベールチーズ（白いところが乾いていました）を薄く切って並べ、オーブントースターで焼き上げました。

思いのほかおいしくでき、夫はたいそう喜んでくれましたが、いまだに私は、「手ぬき」と「気ぬけ」の違いが分からなくなることがあります。

とりあえず、黄色いバターライスの作り方だけはここに記しておきましょう。

【作り方】

1　米2合をといでひたひたの水を加え、30分ほど浸水させます。

2　米を浸水させているあいだに、サフランひとつまみを小さな容器に入れ、熱湯を注ぎます。ラップをかぶせて15分ほどおき、色と香りを引き出します。

3　1に2のサフラン水を加え、いつもの水加減にします。ターメリック小さじ1/2を加えてよく混ぜ、バター10グラムとローリエ1枚をのせて、炊飯器で普通に炊きます。

4　炊き上がったらざっくりと混ぜ、塩、黒こしょうで味をととのえます。

練りきなこ

近所の商店街に、家族でやっている昔ながらの和菓子屋さんがあります。定休日以外は毎朝9時から夕方まで開いているので、散歩帰りにぶらりと立ち寄ったり、買い物ついでにのぞいたり。通いはじめて15年になるけれど、いつも変わらない佇まいと慣れ親しんだ味が、なによりも気に入っています。

午前中に行くと、白い三角巾のおばあちゃんかお嫁さん、午後だと白衣の若旦那が迎えてくれます。夕食後に夫と食べたい和菓子をふたつしか選ばなくても、包装紙にささっとくるんで輪ゴムをパチン、さりげない笑顔で手渡してくれます。

勘定台の下のショーケースには、使い込まれた漆《うるし》のお盆に、みたらし団子やどら焼き、きんつばなど。ほかにも四季を彩る素朴な和菓子が並んでいます。ついこのあいだまでは3色の柏餅が勢ぞろいしていました。白いお餅は練りあん、よもぎの入った緑色のは粒あん、桜色のお餅は白インゲン豆のみそあんでした。ここのあんこはどれも甘すぎず、ふっくらとやさしくて本当においしいのです。

そうそう、お昼近くには行列になる（といっても、多いときで3、4人くらいです）このお店には、おにぎりやいなり寿司、太巻なんかもあります。向かって右側（左は和菓子のコーナー）のショーケースに並んでいる、角がちっとも尖っていないおにぎりの数々。てっぺんの海苔の隙間にふりかけがまぶしてあるのはたらこ、ごまは昆布、何の目印もないのは梅干し。あとはひじきやかんぴょう、紅しょうがの入った五目ご飯（ほんのりとした酢めし）に、高菜のおにぎり。春だけのお楽しみの筍ご飯や、ごつごつとまん丸い、手の平にのらないほど大きな山菜おこわのおにぎりもあります。

季節の和菓子のなかでも、春から秋の終わりにかけて登場する黒糖わらび餅を私はことのほか楽しみにしています。ここのわらび餅はひと切れがとても大きく、きなこも多すぎるくらいにたっぷりとまぶさって、丸いパックに9切れも入って250円。黒みつがおまけでついてくるのですが、わらび餅自体に黒砂糖の甘みがあるので、きなこをからめて食べるだけで充分においしい。そんなわけで、いつも黒みつだけあまってしまいます。

先日、友人のKさんが遊びにきたときに、たまたま冷蔵庫にあった最後の3切れを夫と3人で分けっこし、おやつにしました。じつは近所に住んでいる彼女もまた、ここのわらび餅が大好物。午前中に行くと、とろけそうにやわらかなできたてが買えると教えてくれたのもKさんなのです。

私は残ったきなこに黒みつをかけ、むせそうになりながらパフパフと頬張りました。ふと見ると、Kさんのお皿にはきなこがまだ残されています。

「かけてみる?」とすすめてみたところ、彼女は黒みつをまぶしかけたきなこを菓子切りの先で練りはじめました。小さなお皿なので、ままごとみたい。おしゃべりが弾む中、Kさんの手もとでは、ねちねちねちねち。とろりとした茶色い食べものは、なんだかやたらにおいしそうです。

味見をさせてもらうと、きなこ棒を思い浮かべるような香ばしい風味でした。

考えてみれば水飴ときなこ、みじん粉(餅米を蒸してから乾燥させて粉にしたもの)を混ぜて作る「州浜《すはま》」という和菓子もあるくらいだから、きなこと黒みつを練ったって、いっこうにかまわないのです。料理家には思いもよらない、なんと自由で可能性のある発想でしょう。

「アイスクリームにのせてもいいかもね。あと、トーストにぬってもおいしそう」と、Kさんは涼しい顔で言い残し帰ってゆきました。

翌朝私は、トーストのお供にさっそく試してみました。

やわらかさはお好みですが、大さじ1の黒みつに対して、きなこは大さじ1から大さじ2のあいだでしょうか（トーストにはやわらかめの方が合います）。これがピーナツバターのような趣で、想像通りのおいしさだったのです。

こんど、どなたかお客さんがいらしたら、冷蔵庫にたまっている黒みつときなこを少し硬めに練り合わせ、気の利いた豆皿にちょこんと盛って、知らん顔をしてお出ししてみようかと思います。

果物満タンゼリー

去年（2013年）の今頃は料理本を作っていたので、農家の庭先販売のはっさくをみつけては、マーマレードジャムをよくこしらえました。どうしたら分かりやすいレシピが書けるだろうと、実際に手を動かしながら、ああでもないこうでもないと考えていたのです。

私のマーマレードの割合は、はっさくでも夏みかんでも皮が2個分に、ほぐした実を1個分。皮と実を合わせたものと同量のきび砂糖を使います。

おのずと残ってしまう1個分の実は、もちろんそのままでもおいしいので、タッパーにためておいてせっせと食べていたのですが……。ある日、ふと思い立ってゼリーにしてみたところ、目にも舌にもみずみずしいひんやりおやつができました。名づけて「はっさく満タンゼリー」。

はっさくの実はこれでもかとたっぷり。固めるときにゼリー液からはみ出しても気にしません。つまり、ゼリーよりも果物の容量の方が多いのです。

夏になって熟れた桃でも試してみました。これもまた大成功。そして今年の春は、出盛りの苺を試してみました。

いきいきとした果物を、ほの甘いやわらかめのゼリーで封じ込めるのです。はっさくも桃も苺も、果物の精気がのりうつったキラキラごとを食べている感じ。タッパーやボウルでいちどに固め、果物をわざとくずすようにしながら大胆にスプーンですくって、ガラスの器に盛りつけてみてください。

ではここで、基本となる「はっさく満タンゼリー」のレシピです。

【作り方】４人分

1　小さな器に水大さじ2を入れ、ゼラチン5グラムを加えてよく混ぜ、ふやかしておきます。

2　はっさく1個分の実を房からはずして大まかにほぐし、固める用の容器に入れます。

3　水300ミリリットルときび砂糖大さじ2を小鍋に沸かし、煮立ったら軽く混ぜて火を止めます。1を加えてよく溶かし混ぜ、粗熱をとります。
4　2の上から3を静かに注ぎ、ラップでおおって冷蔵庫で冷やし固めます。
※桃や苺で作る場合も、ゼラチンと水の量は同じです。桃は1個から1個半、皮をむいて大きめに切ります。へたをとった苺は1パック弱、丸のまま使います。どちらも色が映えるよう、きび砂糖の代わりにグラニュー糖を使い、量も大さじ3に増やしてください。とくに苺は、ゼラチン液が温かいと表面が白っぽくふやけてしまうので、完全に冷めてから流し入れるというのも、勘どころです。

日曜の昼下がり、
3人家族の
自転車が、
海原を泳ぐ
イルカみたいに
通りぬけて
ゆきました。

ふきの若葉みそとタンポポの白和え&春摘みヨモギ茶のゼリー

山の家でゆっくり過ごすことができたのは、なんと半年ぶり。ぽかんと予定が空いた4月の終わりのことでした。そのあいだ、泊まりがけで夫が幾度か通い、桑の木のひこばえを払ったり、絡まり合っていた野バラのつるを落としたり、畑のススキの抜根《ばっこん》にも精を出してくれたおかげで、あちこちずいぶんと見晴らしがよくなっていました。

4月の末といえど、山の朝晩はストーブを焚かなければ肌寒い季節。庭の雑草もまだ冬眠中なのか、カラスノエンドウに混じって若いヨモギが伸びかかっているくらいでした。

台所の裏庭にまわると、スギナがふさふさと生えそろっていました。ところどころにタンポポやヒメオドリコ草（うす紫色の可愛らしい花が咲きます）も顔をのぞかせています。私は地べたにぺたんと腰を下ろし、潮干狩りで使うような熊手で片

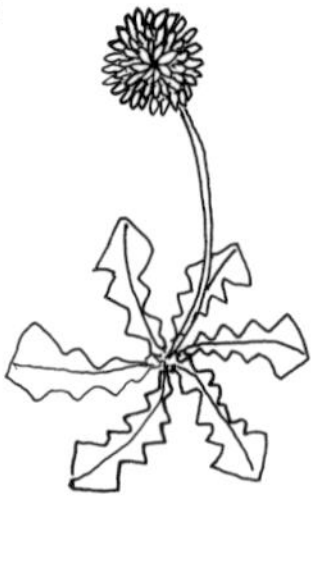

っぱしからひっこぬいてゆきました。4年前にはここもススキだらけの荒れ地だったのですから、スギナなど可愛いものです。

風が吹きぬけふと顔を上げると、目の前には緑のパッチワークの山々がありました。タンポポの葉がいかにもやわらかそうだったので、ちぎって味をみてみました。これは何かのおかずに使えそうです。

フキノトウが出たあとの日陰の地面には、今年もまた野ぶきが育っていました。茎はまだ細く、きゃらぶきにするにはかわいそうなので、小さめの若葉だけ摘んで、晩ごはんにはまずふきみそを作ることに。

雑草をぬきながら、食べられそうな草をみつけてはざるによけておく。山の家には塩、みそ、しょうゆくらいしかないけれど、今しか味わえない摘み草で料理ができるなんて、ままごと遊びの延長みたいです。

ふきの若葉みその作り方は、こうです。

まず、小鍋に湯を沸かし、摘んだばかりのふきの若葉をゆでます（せっかくの若々しい苦みをいかすため、ゆがくのはいちどだけでやめておきました）。夕方まで水にさらしておいたのを細かく刻んでごま油で炒め、直売所で買った麦みそを加えたら、あとはウイスキー（日本酒がなかったのです）でほんのちょっとのばしつつ、香ばしく炒りつけて……ビールのつまみのつもりが、炊き立てのご飯にのせて食べはじめたら、止まらなくなってしまいました。

翌日のお昼ごはんには、タンポポのまん中あたりの葉を摘んできて白和えにしてみました。苦みをうまみにすりかえるため、うちで作る白和えよりも少しだけ甘めにと心がけたのが大正解！　天ぷら以外にしたのははじめてでしたが、気の利いた器にちょこんと盛ったら、魯山人さんも気に入ってくれそうなしゃれた一品になりました。

作り方は簡単。大まかに切ったタンポポの葉を軽くゆで、苦みがぬけすぎないよう味をみながらほどほどに水にさらして細かく刻みます。絹ごし豆腐をキッチンペーパーに包んで水きりしておき、スプーンの背でつぶしてから、麦みそにグラニュー糖（山の家にはコーヒー用のスティック砂糖しかないのです）をほんのちょっと混ぜて和え衣に。

そうそう、帰京する前の日にはヨモギをたくさん摘んで、産毛までやわらかな若葉を三段重ねの青い干物干しに広げ、木の枝に吊るしておきました。山の風と太陽とでカラッカラに乾いたヨモギは、ハーブティーにも負けないオリーブ色の香りのいいお茶になりました。

さて、東京にもどって煮出したり、麦茶と合わせて水出し茶にしたりと楽しんでいたある日、「このお茶、うす甘くしてゼリーにしてもうまそうだなぁ」と夫がつぶやきました。それでさっそく作ってみたんです。向こうが透けて見える紗《しゃ》の着物のような、うぐいす色の品のいいゼリー。そのままでも充分においしいけれど、黒みつをとろりとかけたら、どこにも売っていない粋な和菓子になりました。ポイントは、煮出したヨモギ茶の色をいかすためにグラニュー糖を使うことくらいでしょうか。

【作り方】4人分

1　小さな器に水大さじ2を入れ、ゼラチン5グラムを加えて混ぜ、ふやかしておきます。

2　濃いめに煮出したヨモギ茶300ミリリットルにグラニュー糖大さじ1と1/2を煮溶かし、火を止めて1を加え、よく混ぜます。

3　粗熱がとれたら、容器にうつしてラップでおおい、冷蔵庫で冷やし固めます。

4　大きめのスプーンですくって器にこんもりと盛りつけ、黒みつをかけていただきます。

初夏のヨモギのお焼き

ヨモギの話ばかりでごめんなさい。

春の摘み草料理を楽しんだ日々から、ひと月がたった5月の末に、私たちはまた山の家を訪れました。桑の木が青々と茂り、どこもかしこも雑草だらけで、ヨモギもずいぶん背丈が伸びていました（春が小学生の低学年ならば、初夏のヨモギは中学生くらい）。さすがは若葉萌えいづる季節です。

じつは今回、山の家でぜひとも作ってみたいものがありました。それは、ある雑誌の編集者から教わったヨモギのお焼き。打ち合わせでいらしたときに、たまたまヨモギ茶のゼリーをお出ししたら、ひなびた味のするその懐かしいお焼きの話になったのです。彼女の実家は長野県で、子どもの頃から飽きるほど食べさせられたんだそうです。

教わったのは、厚めに焼き上げる甘いおやつでしたが、山の家ではビールのつまみにチヂミのイメージで焼いてみました。水が多めのサラッとした生地を、フライパンいっぱいに薄く広げてごま油で焦げめをつけ、仕上げにしょうゆをジュッとまわします。薄力粉でなく強力粉を使うのもポイント。もっちりとして、お餅に近いような食感は目からウロコでした。

夫も私も、野趣あふれる香ばしいうまさにうーんと唸りました。ヨモギの成長に合わせて味が変わるというのも、風情があるではないですか。

では、彼女に教わった作り方です。

1　ゆでたヨモギを庖丁でたたいて細かく刻み、ボウルに入れます。上から強力粉をふり入れ、砂糖も少し。さらに水（卵を加えることもあるそう）を加えてどろっとしたお好み焼きのような生地をこしらえます。ヨモギの量はお好みですが、焼き上げたときに草餅のような緑色になるのが理想的。

2　熱したフライパンにサラダオイルをしき、生地を厚めに広げてふたをします。じりじりと焼いて七分通り火が通ったら、鍋のふたにのせてひっくり返し、裏面も香ばしく焼き上げます。ピザのように三角に切り分け、砂糖入りのきなこをつけていただきます。

※焼く前の生地にあんこを混ぜることもあると聞き、摘んだヨモギをゆでて持ち帰った日、東京でも試してみました。こちらはカジュアルなヨモギ餅という感じのおいしさでした。

焼きそばスパゲティ

餃子を包むときには、いつもだいたいの目安をつけながらやるのですが、気をぬいているとタネだけ残ってしまうことがよくあります。そんなときは丸めて小麦粉をまぶし、冷凍しておくくらいしか今までは思いつきませんでした。うちの実家でも当たり前のようにそうしていて、子どもの頃、油で焼いたのがよくお弁当に入っていました。でも、本当をいうと私はあれがどうも好きではないのです。だって、見た目はひと口ハンバーグなのに、味はどうしてもニラとにんにくのきいた餃子味なんだもの。

このあいだ、合いびき肉（これも半端な量）と餃子のタネが冷凍庫に転がっているのをみつけました。買い物に出たくない日だったので仕方なく両方を合わせ、スパゲティのミートソース風にしてみることにしました。ただのケチャップ味にしたかったのだけど、そのケチャップさえも半端な量しかありません。

それで結局、ウスターソースを多めに加え、キャベツがあったのでざくざく切って合わせたら、なんだかとてもよく知っている味になりました。それはソース焼きそば。いくら焼きそば風味でも、気にせずに粉チーズとタバスコをかけたら、これが意外にはまって夫にも好評でした。餃子というと、2、3個はウスターソースで食べるいつもの私のクセが、迷いなくソースへと向かわせたのだと思います。

余談ですが、その何日かあとにテレビを見ていたら、「焼きそばスパゲティ」を出している喫茶店が映っていました。下町にあるお店の小さなキッチンで、うちの母くらいのおばあさんが作っていました。近所の人たちに昔から親しまれている看板メニューだそうで、けずり節や青のり、紅しょうがまで添えられていて、その堂々としたアレンジ精神に感服してしまいました。

さて、わざわざ餃子のタネの残りで作ることもないので、ここでは合いびき肉のみのレシピをお伝えしましょう。

【作り方】２人分

１　大鍋に湯を沸かし、塩を加えてスパゲティ２００グラムをゆでます。キャベツ1/4個のざく切りをゆで上がりの20秒ほど前に加え、時間差でゆでます。

２　スパゲティをゆでているあいだに、フライパンにサラダオイル大さじ1/2を熱し、玉ねぎのみじん切り1/4個分を炒めます。しんなりしたら合いびき肉１００グラムを加え、ぽろぽろになるまで炒めます。ここにケチャップ大さじ2、ウスターソース大さじ4を加え混ぜ、火を止めてバター10グラム、黒こしょうをひきかけます。

３　ゆで上がったスパゲティとキャベツをざるに上げ、２に加えてまんべんなくからませ、器に盛ります。

※作り方のポイントは、ゆで上げたスパゲティとキャベツの水けをよくきることとくらいでしょうか。へんてこな組み合わせですが、ぜひとも粉チーズとタバスコをふりかけて食べてみてください。

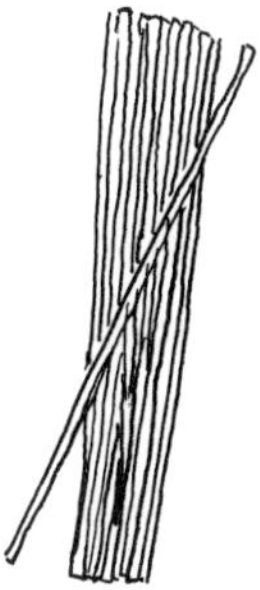

刺し身こんにゃくワカメ

今年の夏も猛烈に暑い日が続きました。そんなある日の夕飯どき、夫が新しいダイエットメニューを思いつきました。

ワカメが先だったか、こんにゃくが先だったか……、つまり、刺し身こんにゃくかワカメの小鉢をつまんでいたどちらかの日に、「ここにワカメが混ざっていてもええのう」、「ここにこんにゃくが混ざっていてもええのう」とつぶやいたのです。

両方ともわさびじょうゆでいただく夫の好物で、ご飯を食べすぎないようお腹をふくらませておくための、定番おかずでもあります。

ところで私は、お刺し身用として売っているこんにゃくをほとんど使ったことがありません。たまに目先の変わった青柚子入りやゆかり入りなどをみつけると、買って帰って試してみるのですが、歯ごたえが軟弱すぎると夫には不評なのです。

まず、刺し身こんにゃくの作り方はこうです。

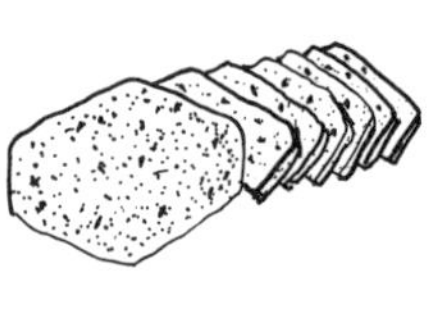

煮物用のこんにゃくを薄くそぎ切りにし、水から8分ほど下ゆでします。氷水できりっと冷やしてざるに上げ、水けをよくきってからお刺し身のように少しずつずらしながら器に並べます。ワカメの方は、生ワカメならそのまま、塩蔵なら塩を洗い流してぬるま湯にしばらく浸け、色鮮やかにもどします。流水で冷やしてざるに上げ、ざくざく切って器に盛ります。

そして、なんのことはない夫発案の「刺し身こんにゃくワカメ」というのは、このふたつをざっくりと合わせ、器にこんもり盛りつけるわけです。

わさびじょうゆや柚子こしょうを小皿に添えてもいいし、ポン酢じょうゆに香りづけのごま油を落として和えても。あるいは大根おろしをのせ、上からポン酢じょうゆとごま油をまわしてもいけます。

みょうがをたっぷり刻んだり、ゴーヤーの薄切り（ざるの上で軽く塩もみし、熱湯をサッとかけまわして流水にさらすと、青くささがぬけて苦みもやわらぎます）を合わせたりして、今年の夏はずいぶんとお世話になりました。

北欧風鯖ライス

サワークリームを手作りできないものかと、お茶パックを利用してヨーグルトを水きりしたり、生クリームを混ぜて発酵させたりと実験していたある日（このときのことは32頁の「ヤンソンさんの誘惑」に書きました）、塩鯖を洋風に焼いてみることにしました。撮影の残りの押し麦入りバターライスも冷凍してあったので。

塩鯖は文化干しというのでしょうか、半身に開いて干してあるおなじみのアレです。じりじりと脂を落としながら香ばしく焼き上げ、たっぷりの大根おろしと食べるのも大好きですが、いつもと違う感じのひと皿にしてみようと思い立ったのにはもうひとつ訳がありました。

南アフリカ共和国の北の方にあるマラウイという国で、原住民たちに混じって暮らしたことのある友人が、何年か前に作ってくれたお土産ごはん。それは、木の器に盛り合わせてありました。ご飯の上からトマトソース（みじん切りのにんにくと

1センチ角に刻んだ玉ねぎをサラダオイルで炒め、おおざっぱに切ったトマトをたっぷり加えて煮込んでいました。トマトの形が完全になくなるまでひたすら煮込んだら、味付けは塩のみ）をカレーライスのようにかけ、焼きたてのホッケ（現地の干物にいちばん似ていたそう）の半身をのせて、フォークとスプーンでくずしながら食べるのです。干すことでうまみを増したホッケの塩加減と、甘酸っぱいフレッシュなトマトソースが組み合わさった驚きのおいしさ。ときには魚を手でちぎったりもして食べる野性味！

さて、鯖ライスの方は、オリーブオイルとバターで焼いた鯖に黒こしょうをひき、ヨーグルトを水きりしたものをひとさじのせて、粗塩と刻んだディルを散らしてみました。押し麦入りのバターライスと盛り合わせたら、森と湖の憧れの地、北欧の匂いがしてきました。焼きトマトを添えてもおいしそうです。

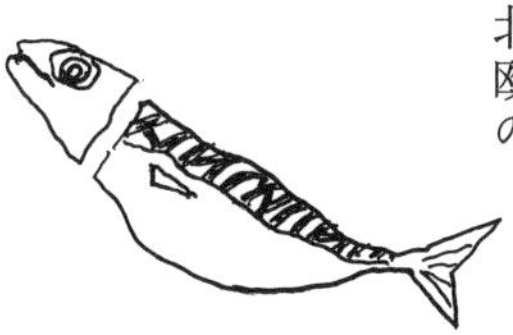

大根入りオムライス

夫が山の家に出かけてから、そろそろ10日がたちます。ひとりだと部屋も散らからないし、洗い物も少なくてなかなか気に入っているのだけど、いつも近くにいる人がいないというのは、なんだか自由すぎてとりとめがなく、はじめのうちは適当なごはんばかりでした。

ドラマの撮影（２０１４年7月から10月まで、『昨夜《ゆうべ》のカレー、明日《あした》のパン』というＮＨＫ ＢＳプレミアムドラマの料理監修をしていたのです）がある日には、お昼に食べ損ねて持ち帰ったロケ弁ですませたり、家にいる日でも、スーパーのコロッケをご飯にのっけて、ソースをかけただけだったり。しかも、お風呂に入ってから寝る前に布団の上で食べたりして……。

そのうちそんな食生活にも飽き、冷蔵庫にある残り物を食べ切ってから買い物にいくようにしていたら、自分だけのために工夫しながら作る料理が楽しくなってきました。たいていが野菜を加えたひと皿盛りのご飯ものかパスタで、細々としたおかずを用意せずとも満足がいくものばかりです。

そんなわけで、ご飯も2合炊くごとに小分け冷凍をしておくクセがついたのですが、その日はたまたま、冷やご飯が茶碗に半分くらいしかありませんでした。あとは大根とピーマン、朝ごはん用のハムが少し、卵はたくさんあります。

和風ではなく洋風の味が食べたかったので、ケチャップがあるのを確かめてから、大根でご飯を増量しようと思いつきました。外国ではかぶをいろんな料理に使うから、オムライスにしてもおかしな組み合わせではない気がしたのです。日本にだって、「大根めし」というのがありますから。

4センチ厚さの大根は、米粒より少し大きめに、ピーマン1個も同じくらいの大きさに切りました。ハム1枚はさいの目切りに。

まず、サラダオイルとバターをフライパンに熱して、大根をこんがり炒め（ところどころ焼きめがつくくらい）、ピーマンとハムを加えます。ここで塩をひとふり、ピーマンの色と歯ごたえを残すため、ほとんど炒めずに合わせるくらいでやめておきます。そこにトマトケチャップを加えて具と合わせ、レンジで温めたご飯を加えます。炒めるというよりもケチャップ味の具をご飯になじませる感じです。白いところがなくなったら、コショウ。ケチャップライスにはテーブルコショウ（ラーメン屋さんにあるような細かな粉末のもの）をたっぷりめにふりかけるのが私は好きです。これは子どもの頃からの懐かしい味なのです。

卵の方は、薄焼きというよりふんわりと丸く、オムレツに近い風合いに焼いてケチャップライスを巻いてみました。分量は、卵2個に牛乳大さじ1、塩ひとつまみ。卵がやわらかな分、ひび割れてケチャップご飯がのぞいてしまっても気にしません。お昼に朝ドラの再放送を見ながら、ひとり気ままにかっこむオムライス。その、おいしさといったら。

M・B・ゴフスタインの『おばあちゃんの魚つり』という絵本があります。私はこの本が大好きで、ふと思い出しては図書館で借りて帰り（すでに絶版で、ネットでも手に入らないのです）、ページをめくっています。

「つりに行くとき　おばあちゃんは　朝の五時に　目をさまし　朝ごはん　パク

パク　それから　いそいで　いそいでおさらを洗い　大きな麦わら帽を頭にのせて　さあ　出発」

こんなふうにはじまる一曲の童謡のように短いお話ですが、「つった魚をきれいにして　バターで　こんがり焼いて」のところでは、口の中がいつもヨダレでいっぱい。ひとり暮らしのおばあちゃんの喜びが、ページのあちこちから匂い立ってい るんです。ゴフスタインの描く線画は単純明快なようでいて、ちょっとした首の傾き具合や、背中の線などから、丸眼鏡のおばあちゃんがかつてどんな仕事をし、誰とどんなふうに生きてきたのか思い浮かべることもできます。

何を隠そう、湖の近くにひとりで暮らすふっくらとしたこのおばあちゃん、私の憧れの人なんです。

栗ご飯&栗の皮茶

九州の佐賀県から、秋の恵みが送られてきました。裏山に樹齢3000年ともいわれる大きな楠《くすのき》がある図書館で、料理本コーナーの司書をしていらっしゃるKさんからです。

箱を開けると、いろいろな大きさの栗がごろごろ転がり出てきました。「自宅で実った栗です。大小さまざまですが、味はほくほくとしておいしいですよ！」というカード入り。5月に開いたトークイベントでは、私の方こそがたいへんお世話になったのに、「今年はわが家の栗の木が大豊作でして、今年お世話になった方に配っております」というあたたかなメールもいただきました。

届いたその日は、ちょうどお米屋さんに新米を注文した日でもありました。何はなくとも、栗ご飯です！

うちの栗ご飯の作り方は、といだお米2合に酒大さじ1、塩小さじ1/2を加え

て普通の水加減にし（新米なので心持ち少なめに）、30分ほど浸水させます。皮をむいた栗をお米の上に10粒ほどのせたら、ごま油を小さじ1杯加えて（どんな具の炊き込みご飯にも、ごま油は必ず加えます。そうするとご飯がもっちり、つやつやに炊き上がるのです）、スイッチオン。

炊きたてをよそり、ごま塩をふりかけました。食べながら夫は、「うまいなあ……」と三度くり返しました。お店で売っているものではなく、木になって、落ちた栗の味がするそうです。

本当にその通り。いろいろなうまみと甘み、苦みもほんのちょっとだけ混じった、ほっくほくのおいしさでした。

むいた皮と渋皮は、ちゃんととっておきました。栗の皮を干してお茶にするという記事を、ある雑誌で読んだことがあったから。

まず、ざるに広げた栗の皮と渋皮を陽に干します。カラカラに乾燥したら2センチ角くらいに手で割りほぐし、黒く焦げめがつくまで空いりします。私はベランダの室外機の上で3日ほど干し、中華鍋でいりました。はねることがあるので、ヤケドにはご注意を。

ミックス野草茶（ハトムギ、あまちゃづる、プーアール茶、とうきび茶、熊笹茶、はぶ茶、霊芝《れいし》、おおばこなどが混ざっている私のお気に入り）と合わせてティーバッグに詰め、薬缶で煮出してみたら、焼き栗の香りがほんのりするおいしいお茶になりました。渋皮には栗の実も少し残っていたので、かすかなとろみもあります。栗の渋皮はタンニンやポリフェノールが豊富で、体にもいいそうです。

この雑誌には、渋皮をつけたまま丸ごと素揚げする「揚げ栗」のレシピも載っていました。中温で10分ほど、焦がさないようにじっくりと揚げ、塩をふるのだそう。来年の秋にはぜひとも挑戦し、ビール片手に揚げたてをつまんでみたいものです。

なめこ入りきのこスパゲティ

近所のスーパーでおいしそうな大粒なめこをみつけたので、夕飯はきのこうどんにするつもりで、しいたけとえのきも買っておきました。

帰るとすぐにだし用の昆布を水に浸け、安心してパソコンに向かっていたのだけれど、冷蔵庫にあったはずのゆでうどんが1人分しかありません。どうやら1袋は夫がお昼に食べてしまったようです。書きものに夢中で、まったく気づきませんでした。まいったなあ。夕食の時間まであと30分、せめてお蕎麦の乾麺でもあればよかったのだけど。

迷っている時間もないので、とにかく大鍋に湯を沸かしてスパゲティをゆではじめました。にんにくと玉ねぎを刻み、オリーブオイルとバターで香ばしく炒めます。ソーセージも炒めます。洋風の香りでいっぱいのフライパンに、ねばり強い純和風の大粒なめこを加えるときにはさすがに勇気がいりましたが、牛乳でのばし、仕上げにチーズを加えたら、けっこう濃厚なクリームソースができました。ポイントは、なめこを加えたら早めに塩をふり、味を染みさせるところくらいでしょうか。小麦粉を加えなくてもいい具合にとろみがつきます。

日本にはお店で買えるきのこは数えるほどしかないけれど、本場イタリアではねばりのあるのもないのも合わせると、驚くほどいろんな種類があるに違いないのです。田舎で暮らす人も、都会や郊外で暮らす人も、季節には森に入ってきのこ狩りをし、炒めたりフライにしたり、オムレツに入れたりするんじゃないかね……などと話しながら、夫と食べました。

たまたま冷蔵庫にペコリーノチーズ（イタリア帰りの友人のお土産）があったので、おろして使おうかと迷ったのですが、クセのないピザ用ミックスチーズにしてやっぱり正解でした。むーんとした、なんともいえないうまみが醸し出されたのは、大粒なめこの威力です。

【作り方】２人分

１　にんにく１片と玉ねぎ１/２個はそれぞれみじん切りにします。しいたけ大１枚は厚切り、粗びきソーセージ３本はコロコロに切ります。えのき１パックは根元を切り落とし、半分の長さに切ってほぐしておきます。

２　大きめの鍋にたっぷりの湯を沸かし、塩を加えてスパゲティ２００グラムをゆでます。

3　フライパンにオリーブオイル大さじ1とにんにくを入れて強火にかけ、香りが出るまで炒めたら、バター10グラムを加えて玉ねぎを炒めます。玉ねぎがしんなりして甘みが出たらソーセージを加え、炒め合わせます。

4　3になめこ1パックを加え、塩をふたつまみふって味をなじませるつもりで炒めます。しいたけ、えのきも加えて順に炒め合わせ、牛乳1カップを加えます。混ぜながら、ふつふつっときたら塩で味をととのえ、ミックスチーズをひとつかみ（約40グラム）。乾燥バジルも適量加え、黒こしょうをたっぷりひきかけます。

5　4のフライパンにゆで上げたスパゲティを加え入れ、ソースをよくからめればでき上がりです。

ベランダの
手すりで
ヒヨドリが、
首をかしげ
またかしげ
私の部屋を
のぞいています。

ヌテラ

ヌテラはパンやクラッカーに塗って食べるチョコレート味のスプレッド。外国にはもっと本格的なものがあるんだろうけれど、日本で売っているヌテラは、どうにも甘すぎてかないません。ヘーゼルナッツの味も香りもほとんどないし、残念だなあ……と、ずっと思っていました。

『リトル・フォレスト 夏／秋』のＤＶＤを見ていたら、ヌテラを作るシーンが出てきました。練っている手つきや鍋の中の状態も映るので、正確な分量は分からなくても、見よう見まねで私にもできそうです。

この映画は、東北地方のある小さな集落で、農作業をしながらひとり暮らしをしている女の子の物語。

梅雨どきのある日、あんまり湿気がすごいので、薪ストーブを焚いて部屋を乾かすついでに粉を練って発酵させ、ストーブの熾《お》き火でフランスパンを焼いてしまったり。夏の盛りに収穫したトマトを水煮にし、保存ビンにいくつも仕込んでおいたり。秋には山からクルミの実を拾ってきて、地面に埋めて、表皮が黒く腐ったら、洗って殻を割り、すり鉢でつぶしたのをしょうゆ味のご飯に炊き込み、稲刈りのおにぎり弁当にしたり。米は田んぼに水を張って、苗を植えるところから。野菜は畑を耕し、種をまくところから。夏は毎日、雑草やアブとの戦いで……。

この映画を見ていると、農作業の大変さも、めんどうくささも楽しさも、大きな自然の風景も、空の雲のようにうつろいゆく主人公の心も、子どもの頃の記憶も、すべてがレシピの素になっていることに気づきます。七五調というのかな、むだのないレシピ（原作の漫画に忠実のようです）は耳に心地よく、音楽みたいに聞こえてきます。

ヌテラを作っている場面のナレーション（女の子の声のレシピ）を、ここに書き出してみます。

「秋になると、山道《さんどう》沿いにハシバミの実を摘みに行く。摘み集めた実をローストし、なめらかになるまですりつぶす。鍋でココアパウダーと砂糖、少しの油と合わせてつやよく練り混ぜる」

さっそく私も、製菓材料店で皮付きのヘーゼルナッツ（セイヨウハシバミの実）を買ってきて、試してみることにしました。

ローストしたヘーゼルナッツの皮むきは、両手に挟んで拝むようにこすると簡単（これは映像にはありません）。すりつぶし加減は、ごまダレくらいのどろりとしたやわらかさ。ココアと砂糖の量は映画よりは多めだけど、よく混ぜてから味をみながらだんだん増やし、ピーナッツバターの味を想像して、塩もほんの少しだけ加えてみました。すぐに食べ切ってしまいそうだから、保存のことは考えずに、練り加減も映画ほどにはとろっとさせませんでした。

熱いうちに空きビンにうつし入れ、粗熱がとれたら冷蔵庫へ。小鍋の縁に残ったヌテラもどうしても洗い流す気になれず、牛乳を加えて煮溶かし、ココアのようにして飲みました。

明日の朝、映画みたいにトーストにたっぷり塗って食べるのが、楽しみでなりません。

【作り方】

1　生の皮付きヘーゼルナッツ1袋（150グラム）は、150度のオーブンで10分ほど空焼きし、熱いうちに皮をむいて粗熱をとります。

2　1をフードプロセッサーでよくすりつぶします。油が出てどろりとしたペースト状になったら、厚手の小鍋にうつし入れます。

3　ココアパウダー大さじ3、きび砂糖大さじ5、塩ひとつまみ、クセのない植物性のおいしい油（太白ごま油を使いました）を大さじ1ほど加え、よく混ぜてからごく弱火にかけます。

4　木べらでよく混ぜながら、ゆっくり熱を入れていきます。べっとりしていたのがなめらかになり、やわらかく、つやが出てくるまで。

スパゲティのオムレツ

どうしてもスパゲティが食べ切れず、残してしまうことはありませんか？

そんなとき私はほんのわずかでも冷蔵庫にとっておいて、気がむいたときに温め直し、オムレツの具にしています。

きのうの夕飯は、タラとブロッコリーのスパゲティでした。オリーブオイルで炒めたにんにくと玉ねぎの薄切りに、ひと口大に切ったタラを加えて香ばしく焼きつけ、ゆで上げたブロッコリーをくずすようにスパゲティと炒め合わせる。ブロッコリーはスパゲティの大鍋に時間差で加え、5分以上かけて茎までやわらかくゆでました。手の平を握ったくらいのほんのぽっちりなのだけど、ゆうべも少しだけ残ってしまったのを、小皿にとっておきました。これでひとり分のオムレツができます。

さて、オムレツの作り方はこうです。

まずフライパンにオリーブオイルかサラダオイルを熱し、レンジで軽く温めたスパゲティを炒めます。このとき、食べやすいようキッチンばさみで4、5センチの長さに切っておくことを忘れずに。卵2個を溶きほぐし、牛乳を大さじ1と塩ひとつまみ、黒こしょうを混ぜ合わせます。

スパゲティが充分に温まったら卵液を流し入れ、菜箸で大きく混ぜます。半熟になったところでフライパンを傾けながら隅に寄せ、オムレツの形にします。いちど裏返しておいしそうな焼き色をつけ、そちらが表になるようお皿に返します。

ケチャップはオムライスのようにまん中に丸くしぼり、何もかかっていないところとケチャップ味の両方を楽しみながら、粉チーズをふりかけていただきました。ひとり分のお昼ごはんには、ちょうどいい食べごたえでした。

スパゲティの量が多いときには、卵も増やして円盤形に焼くと、スペイン風のじゃがいもオムレツのようになります。お客さんがあるときにフライパンごと熱々を出すと、歓声が上がります。

じゃがいもとにんじんのガレット

うちの夫はあまり買い物をしたがらない人なのですが、朝ごはんのパンだけは別、自分から率先して買いにいってくれます。散歩コースにあるパン屋さんの食パンが大好きなのです。

買うのは、いつも決まって角食パンの大きいのを1本（3斤分）。散歩に出る時間によって焼きたてホヤホヤの日もあれば、ほどよく冷めている日もあります。

夫が帰宅すると袋から取り出し、すぐに食べない分を厚めに切り分けて保存するのは私の役目。1枚ずつラップにくるんで厚手のビニール袋に並べ入れ、さっさと冷凍してしまいます。

焼きたての食パンの白いところは、赤ちゃんの肌のようにふわふわで、切り分けるときにたまらなくいい匂いがします。本当はしっかり冷ましてからの方がやりやすいし、切り口から乾燥がはじまってしまうという話もよく聞くけれど、私は気にせずどんどん切ってしまいます。ちょっとひしゃげた形になったって、焼いてしまえば気にならないし、すぐにくるんで冷凍してしまった方が、香りやおいしさも逃げないような気がして。

これを凍ったまま、予熱しておいたオーブントースターに入れて焼くと、まさしく焼きたてパンのように生き返るんです。まわりはカリッと、中はふんわり。夫は軽めに焼いてマーガリン、私はしっかり焼いたのにバターをのせ、じゅわっと溶けるまでさらに焼いたのが好き。

こんなふうに毎朝楽しみにしている食パンですが、たまにポカをして切らしてしまうこともあります。そんなある日、ふと思いついてにんじん入りのじゃがいもガレットを焼いてみることにしました（じゃがいもの数が足りなかったので）。

ガレットというのは、せん切りにしたじゃがいもをわざと水にさらさず、じゃがいもの持つでんぷん質でまとめて丸く焼くもの。

ちゃんとくっつくかなぁ……くっつかなかったら、ただの炒めものにしてしまおう。迷っている暇もないので、皮をむいたじゃがいもとにんじんをスライサーですりおろし、ボウルにどんどん集めていきました。

フライパンいっぱいに丸く焼き上げた、ほんのりオレンジ色のガレットは、意外なほどじゃんとくっついて、「じゃがいもだけより、軽くて健康的だ」と夫も喜んでくれました。

食べながら私は、祖母がよく作ってくれたじゃがいもの炒めものを思い出していました。それは短冊切りにしたじゃがいもをサラダオイルで炒め、カレー粉でほんのり香りをつけただけのおかずですが、なんとなしに外国の味がして、子どもの頃の大好物でした。

【作り方】２人分
1　にんじん1/2本とじゃがいも3個の皮をむき、大きめのボウルにスライサーですりおろします（スライサーがない場合は3〜4センチ長さのせん切りにしてください）。塩ひとつまみを加えて全体を合わせます。
2　フライパンにサラダオイル大さじ1を入れて強火にかけ、バター15グラムを落とします。バターが溶けてきたら1をうつし入れ、フライパンの縁まで薄く広げます。

3　しばらくするとまわりから焼けてきます。表面が透き通ってきたら、落としぶたかフライ返しで上から軽く押さえてください。これで全体がくっつきやすくなります。

4　焼き色がつきはじめたら、まわりからそっとフライ返しをさし入れてはがれるきっかけを作り、あとはフライパンをまわすように動かして、焼き色がムラなくつくようにします。

5　裏面も軽く焼いて、塩をふり、粗びき黒こしょうをひきかけます。好みで粉チーズやタバスコをふりかけて食べてもおいしいです。

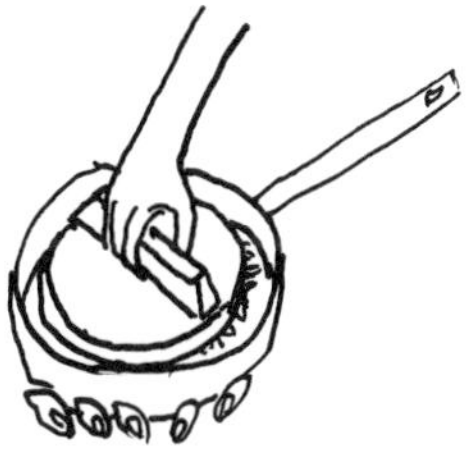

昆布じょうゆ

これは作ろうとして作ったのではなく、ひとりでにできてしまったレシピ。まずは松前漬けの話からはじめることにします。

去年（２０１４年）の暮れ、昆布とスルメが細切りにされた詰め合わせ袋を買ってきて、なまくらな気持ちで松前漬けを作りました。

保存ビンにうつし入れた昆布、スルメ、にんじん（拍子木切り）の上から、目分量で酒としょうゆを１：１で加え、みりんも少し。ふたをして上下を返したり、菜箸で軽く混ぜたり。あとはお正月までねかしておいて、数の子を加える計画でした。けれども寝る前にもういちど混ぜ、味をみているうちに、調味料を入れすぎてしまったことに気づきました。このまま漬けておいたら、そうとう塩からい松前漬けになってしまいます。

慌ててざるに上げ、漬け汁と分けました。なかなか汁が落ちてくれず、そのままの状態でひと晩おくことにしました。

そこでできたのが、この昆布じょうゆ。昆布とスルメのだしのきいたしょうゆは、ほんのりとしたとろみもあり、青菜のゆでたのや冷や奴にかけても、白菜漬けにちょっと落としても、なかなか気がきいています。「とろみついでに、納豆に混ぜてもうまいかも」と、夫がうれしいアイデアをくれましたとさ。

カンタン豆乳プリン

今の粉ゼラチンはよくできていて、温めた液にそのままふり入れ、溶かし混ぜればいいそうですね。「ふやかす必要のない便利で溶けやすい顆粒タイプです」と、パッケージにも大きな字で書いてあります。

私はそれがどうしても信じられず、中学校の家庭科で教わった通りの昔ながらの方法をこれまでずっとつらぬいてきました。小さな容器にゼラチンと倍量の水を入れ、指先（スプーンだとゼラチンが貼りついてしまうので）で混ぜてから、15分ほどおいてしとらせるという……。ゼラチンに水を加えるよりも、水の上からゼラチンを加える方が格段に混ざりやすいので、そのこともきちんと守っていました。でないと、ゼリーがちゃんと固まってくれないんじゃないかと心配になるのです。

そんなある日、食後のおやつが何もないときに、冷蔵庫に残っていた豆乳で何の気なしに試してみました。

いつもなら火にかけて温める豆乳も、耐熱コップに直接注ぎ、きび砂糖を加えて、ホットミルク程度の熱さになるまでレンジでチン。砂糖が溶けたら粉ゼラチンを加え、ここだけはしつこめによく混ぜて溶かしました。あとはプリン型に流し入れ、粗熱がとれてから冷蔵庫へ。

ただそれだけのことなのに、でき上がった豆乳プリンはいつもよりなめらかな感じがしました。夫にもほめられ、私はすっかり気がぬけてしまいました。

2個分の分量は、豆乳1カップにきび砂糖が大さじ1、粉ゼラチンは5グラム入りの袋を半分使います。甘みがひかえめなので、食べるときに黒みつやメープルシロップをかけてください。きなこやはったい粉をふりかけてもおいしいです。

南の島カレー

はじまりはレモンのお茶でした。夫の友人が、レモンの木の葉っぱを干して手で細かくくずしためずらしいお茶を送ってくれたのです。山の家に自生しているヨモギやスギナ、クワの葉などで、見よう見まねの薬草茶を作ったことはあるけれど、レモン茶というのは初耳です。

頭でっかちな私は、レモンの葉っぱは厚みがあって硬そうだから、もしかすると青くささが残るんじゃないかなぁと最初はうたぐっていました。でも、お湯を沸かしてハーブティーと同じようにいれてみたら、柑橘のやわらかな湯気の上がる、とってもおいしいお茶になったんです。二煎目も三煎目も、何ともいえない奥ゆかしい味。その味を色にたとえるなら、風にそよぐ新緑や田植えの苗の早緑《さみどり》。ほんのりした甘みがあごの上の方まで広がるところは、新茶にも通じるものがあります。

話はちょっととびますが、5月の末に福岡県の能古島《のこのしま》で開かれた野外音楽祭「ノコノコロック'15」に、今年もまた友人たちとカレーライスの屋台を出してきました。

能古島というのは、福岡の姪浜《めいのはま》からフェリーに乗って10分ほどのところにある、「ひょっこりひょうたん島」にそっくりな緑濃い島です。まるで大人たちの文化祭みたいな手作り音楽祭の会場は、キャンプ村の海水浴場。お客さんたちは砂浜にやぐらを組んだステージでくり広げられる音楽を、地元レストランの屋台料理とお酒を片手に、光る海を眺めながら、歌ったり踊ったりして楽しみます。

私たちは、集まった方々がはるばる能古島にやってきたことを体で味わえるよう、できるだけ島で育てられた食材を使ってカレーを作ることにしました。新玉ねぎ、にんじん（別鍋でゆで、甘みの出たゆで汁ごと加えます）、トマト、お米、その名も「南の島カレー」です。

カレーに添えるご飯は、これまでキャンプ村のおばちゃんたちに白飯を炊いてもらっていたのだけれど、今年はもう三度目だし、手伝いのスタッフもたくさんいるので、太陽と海と潮風に似合う「黄色いご飯」を炊くことに。

黄色つながりだからでしょうか、たまたまレモン茶を飲んだその日は、カレーのご飯のことを考えていました。それで、香りづけに生の柑橘の葉を炊き込んでもいいかもしれないとひらめいたのです。昔私がレストランで働いていた頃、ココナッツミルクとターメリックで炊き上げる黄色いご飯には、トムヤムクンに欠かせないこぶみかんの生葉（冷凍ものが輸入食材屋さんで手に入るのです）を加えていました。能古島にも、特産のニューサンマーオレンジ（日向夏の一種）や甘夏みかんがあります。

今年もまた、カレー作りで台所を使わせてくださる「ノコニコカフェ（渡船場の目の前にある小さなお店です）」の友人夫婦に電話をしたら、ニューサンマーオレンジの実と若葉が、枝ごと送られてきました。森に自生している木だそうです。緑色の葉っぱをさっそくちぎってみると、能古島の分身みたいなみずみずしいシャワーが！　試作で炊いた黄色いご飯は、ほんのり柑橘の香りがするような、そうでもないような。でも、炊飯器のふたを開けた瞬間、南の島の風が吹きぬけたのは確かです。

では、うちで試作をしたときの、4人分のレシピを紹介します。

【作り方】

◎黄色いご飯

1　米2合をといで炊飯器の内釜に入れ、ココナッツミルク1/4カップを加えます。水を注いでふだんと同じように水加減し、ターメリック小さじ1を加えてよく混ぜます。

2　ニューサンマーオレンジ（またはレモン）のやわらかすぎない若葉2〜3枚を、ところどころ手でちぎって切り目を入れ、1の上にのせます。普通に炊いて10分ほど蒸らします。

◎カレー

1　鶏もも肉（約300グラム）1枚は8等分に切ってボウルに入れます。にんにく1/2片のすりおろし、塩ひとつまみ、カレー粉小さじ1を加えてなじませ、30

分ほどおきます。玉ねぎ1個はくし形切りに、にんじん1本は皮をむいて1センチ厚さの輪切りにします。

2　鍋にサラダオイルを熱して玉ねぎを強火で炒めます。油がまわったら鶏肉を加えてざっと炒め合わせ、さらに小さじ1のカレー粉を加えます。ここに4カップの水を加え、煮立ったらアクをすくって、刻んだ固形スープの素1個、トマトペースト大さじ1/2、ローリエ1枚を加え、ふたをして弱火で煮込みます。

3　別の小鍋でにんじんをゆでます。サラダオイルと塩少々を加えたひたひたの水を注ぎ、ふたをして弱火でじっくり、時間をかけて甘みを引き出します。

4　2の鍋ににんじんをゆで汁ごと加え、ひと煮立ちしたらカレールウ120グラムを加えて、あとは弱火で混ぜながら煮込んでください。仕上げに乱切りにしたトマト1個分を加え、形がくずれる前に火を止めます。

5　器に盛った黄色いご飯にカレーをかけ、薄切りにして塩でもんだゴーヤーと、ゆでたオクラを彩りよくのせてでき上がり。福神漬とらっきょうもお忘れなく。

マッシュポテトとかぼちゃのコロッケ

ハンバーグのつけ合わせにとマッシュポテトを作りすぎてしまい、冷蔵庫に残ったままなのが気になっていました。

そもそもこのマッシュポテト、皮つきのじゃがいもを丸ごとゆで、すり鉢でつぶすところまではいつもと同じなのだけど、バターも生クリームも切らしていたので、牛乳だけでやわらかめにのばしてみたのです。

見た目はぽってりとおいしそうだし、ハンバーグもいつもより大きめだったから（ひとり当たり150グラム分のひき肉を使いました）、つけ合わせはあっさりしているくらいがちょうどいいんじゃないかと、私はたかをくくっていました。でも、食べる人というのはやっぱり正直ですね。いつもだったらご飯を残してでもおかわりをする夫なのに、お皿にある分だけ食べて打ち止めでした。確かにあっさり味のマッシュポテトは、のんべんだらりとつかみどころがなく、あまりおいしくなかったです。

さて、そんなある日、娘の嫁ぎ先から送られてきたかぼちゃを、サラダか何かにしようとせいろで蒸しながらいつものようにパソコンに向かっていて、ふと冷蔵庫のマッシュポテトを思い出し、器ごといっしょに温めてみました。ボウルにあけ、上から蒸したてのかぼちゃを加えて、すりこぎでつぶします。コロッケにしようと思いついたのです。

玉ねぎを炒めて加えようかと迷ったのですが、甘みが出てしまいそうだし、みじん切りにするのも炒めるのもめんどうだったのでやめにして、棚にあったツナ缶を開けて加えました。あとは塩、こしょう、ナツメグを混ぜ、半分に分けてまん丸と俵形の2種類に。俵形にはカレー粉をしのばせ、それぞれ衣をつけて揚げました。

私はスーパーのコロッケも好きなのでよく買いに行きますが、衣はカリッと、中はホクホクの揚げたてを食べられるのが家庭で作るコロッケの喜び。しかも牛乳でやわらかめにのばしたせいで、マッシュポテトがホワイトソースの役目を果たすのか、クリームコロッケと普通のコロッケの中間のようなご馳走になりました。

コロッケ作りを一からしようとすると、なかなか手間がかかってたいへんだけど、まさしくケガの功名。半端な量しかなかったキャベツにレタスを合わせ、ふんわり添えたせん切りも「軽い」と好評で、ソースをたっぷりとかけ、夫も私もおかわりして食べました。

新じゃがいもの和風ガレット

マッシュポテトに続き、じゃがいもの話ばかりでごめんなさい。「じゃがいもとにんじんのガレット」のレシピを紹介したばかりでもありますが、ガレットの夏向きの食べ方をひとつ。

梅雨明けからしばらくたったある日、『じゃがいも料理』という私の本で10年ほど前にお世話になった千葉の農園のTさんから、今年もまたダンボール箱いっぱいの掘りたて新じゃがが届きました。

皮の薄い新じゃがいもは、冬とは違う若い甘みがあり、丸ごとゆでて塩をふっただけでも本当においしいのだけれど。夏のお昼ごはんというと、しょうがやわさびをきかせた素麺やお蕎麦など、冷たいものしかのどを通らない夫にとっては、熱々のじゃがいもなどもってのほかでしょう。

それでもあきらめきれず、台所に立った私は、冷たい水でじゃがいもの泥をゴシゴシと洗い流しはじめました。せっかくの掘りたてを、どうにかして食べたかったのです。

皮をむいているうちに決まったのはガレット。香ばしい焼きめをつければ、冷めても充分においしいんじゃないかと思って。そのかわり風味づけのバターはなし、オリーブオイルだけであっさりと焼くことにしました。ちょうどその日は午前中に打ち合わせがあり、「天ぷらにつけて食べてください」と、京都土産の山椒塩を編集者からいただいたばかりでもありました。

さて、お昼ごはん。ほどよく冷めたガレットに、うぐいす色の山椒塩をふってみると、涼やかな香りがいっぺんに広がって新じゃがいもならではのみずみずしい甘みも際立ち、思った通りのおいしさ。夫はさらに、わさびをつけて食べていました。

わさびじょうゆではなく、わさびと塩というのがいいんだと思うんです。じゃがいも自体の味は少し弱まってしまうけれど、パンチがきいて夏にはいい食べ方でした。暑い日に、ぜひみなさんも試してみてください。

では、何度もご紹介しているけれど、ガレットの焼き方です。

【作り方】2人分

1　じゃがいも3～4個の皮をむき、せん切りにします。デンプン質がのりの役目を果たすので水にはさらしません。

2　フライパンにオリーブオイル大さじ1強を熱し、じゃがいもを縁の方まで広げます。はじめは強火で焼き、落としぶたやフライ返しで表面を押しつけ、ひとつにまとまるようにします。

3　焼き色のつき加減によって火を弱めたり強めたりしながら、しばらく焼きます。じゃがいもが透き通ってきたらひっくり返し、裏面も香ばしい焼き色がつくまで焼いてください。

平目のヅケ丼

テレビを見ていたら、遠方からでもくり返しお客さんがやってくるという、名物食堂の特集番組をやっていました。そこは漁師町の路地裏にある古くからのお店で、みんなのお目当てのメニューは真鯛のヅケ丼。「どんな味ですか？」という質問に、お客さんたちは口をそろえて「とろーり、ねっとり」と答えていました。

お店の大将は、朝獲れたばかりの真鯛をさばいてサラシに包み、冷蔵庫でひと晩ねかせてから、ヅケ汁（企業秘密と言いながらも、しょうゆと酒とみりんが入っていることをインタビュアーにもらしていました）に浸けていました。浸け時間は短めで、10分ほどだそうです。

近所のスーパーで新鮮な平目のサクをみつけた私も、さっそく真似を。白身のお刺身をヅケにするときには、いつもは薄口じょうゆを使っているのだけど、大将にならって濃い口しょうゆで。テレビに映っていた手つきを思い出しながら、薄くそ

ぎ切りにし、微妙にずらして重ねつつバットに並べた平目は、夕食の10分前にヅケ汁をひたひたにかけ冷蔵庫へ。

さて、きれいに並んだ平目の下に箸を入れてすくい、炊きたてご飯の上に円を描くようにして盛りつけたら、まん中の隙間めがけて卵黄を落とします。卵黄の上にわさびをチョンとのせてしまうのも、家庭では思いつかない発明です。あとは、刻んだ細ねぎを卵黄にかからないよう彩りよく散らします。

お店のお客さんたちにならい、私も卵黄にわさびを溶かし混ぜ、くずしながら「とろーり、ねっとり」、濃厚ソースのようにお刺身にからめて食べました。

私のヅケ汁は、酒大さじ3、しょうゆ大さじ2、みりん大さじ1/2を小鍋に合わせてひと煮立ちさせ、粗熱がとれたらごま油少々を加えて作ります。

夏の炊き込みご飯4種&昌太郎君の焼豚

夏のはじめに栃木県の黒磯に行ってきました。「タミゼ　クロイソ（古物商の吉田昌太郎君と、スタイリスト高橋みどりさんのお店）」で、器とごはんにまつわるトークショーをしたのです。

30人ほどの参加者には、自分たちがふだん使っている茶碗を持ってきてもらうことになっていました。これはみどりさんのアイデア。私はその茶碗によそるための炊き込みご飯を、トークの合間に同時進行で作るのです。

目の前で野菜を切ったり、味付けの塩梅をお伝えしたり、炊く前の鍋の中を見せたり。ささやかだけど、公開料理教室のようにもなるといいなと思っていました。

お米が大好きなみどりさんは、お鍋で炊くのが常でしょうから、炊飯器は持ってらっしゃらないようだけど、土鍋、ホウロウ鍋、文化鍋など、ほどよい大きさの鍋がいろいろあるみたい。炊き上がったご飯を盛りつける大皿や大鉢はもちろんのこと、調理道具も調味料も、みどりさんの台所にあるのを何でも使っていいと言ってくれます。

炊き込みご飯の具は、黒磯で採れた夏野菜を使うことに決めていたので、当日は早起きをして「道の駅」に出かけました。行って帰って、1時間半ほどのドライブでした。

小高い山に囲まれた田んぼの広がる緑いっぱいの田舎道を、昌太郎君の運転で走りぬけます。鮎釣りの人たちが糸を垂れている清流を渡ったり、どこかから牛舎のにおいがしてきたり。「道の駅」の広場で、ロシアの若奥さんが作ったピロシキを、朝ごはんがわりに3人で買い食いしたり。

さて、仕入れた野菜は根っこつきの枝豆、とうもろこしやアスパラガスももちろん朝採りで、放っておいたら勝手に生えてきたみたいなみょうがは、夏の香りがギュッと詰まったのが30個近くも袋に入って100円。あとは、即席の浅漬けにするつもりで、きゅうりと青じそを買っておきました。

夏の太陽をいっぱい浴びて大きくなった野菜は、それだけで勢いがあるものだから、炊き込みご飯の具はそれぞれ1種類ずつの野菜を使い、4つのお鍋で作ることにしました。ご飯の味付けも微妙に変えて、たとえばみょうがなら、塩よりも薄口しょうゆを勝たせたり、とうもろこしは塩味だけ、枝豆はわざと濃い口しょうゆにして、ご飯に色と香りがつくようにと。ちなみにアスパラガスは、ひと口大に切ったものを固めにゆで、炊き上がりにたっぷりのオリーブオイルとともに混ぜて、黒こしょうをひきかけました。

そうそう、4種の炊き込みご飯は、支度ができたものから順に炊いていったので、前の席に座っていた4人の方にお願いして、携帯電話に炊き上がり時間をセットしてもらう……なんてこともしていました。

会のしめくくりには、食べ終わってきれいに洗った茶碗を大テーブルにずらりと並べ、みどりさんがそのひとつひとつを手に取って、器についての話をしました。使い込まれた茶碗と、その持ち主を見比べながら聞いているうちに、その人その人の毎日の食卓が映像となり、目の前に浮かび上がってくるようでした。

さて、トークイベントが無事に終わると、昌太郎君が外にテーブルを出し、バーベキュー用の細長いコンロに炭をおこして豚肉の塊を焼きはじめました。

底をぬいた一斗缶を炭火の上に置き、常温にもどした肉を中につり下げて、脂を落としながらじっくりじっくり焼く焼豚。

みどりさんの著書『わたしの器 あなたの器』に載っていた、その野性的な塊肉の写真を見てからというもの、私はずっと憧れていたのです。焼かれているあいだ中、キュルキュルと音がするので、別名「豚のキュルキュル」というんだそうです。

じつは昌太郎君と私は「道の駅」への道すがら、豚肉には先に塩をふるものなのか、あとからふるものなのかという話で盛り上がっていました。昌太郎君はこれまで、何も考えずに焼き上がってからふっていたそうです。私は断然、先にふる派。塩をすり込んでしばらくおいておくくらいの。ならば2回に分けて焼き、両方を食べ比べてみよう！ということになったのです。

結果は、もちろんどちらもたまらなくおいしかったのだけど、私的には昌太郎君の圧勝でした。塩をふらずに焼いた肉はストレスがかからないのか、まわりはカリッと香ばしいのに、中が絹のようにやわらかく、さっきまで生きていた肉そのものを食べているみたいに、それはそれはデリケートな味だったのです。

本当に、身震いするほどのおいしさでした。

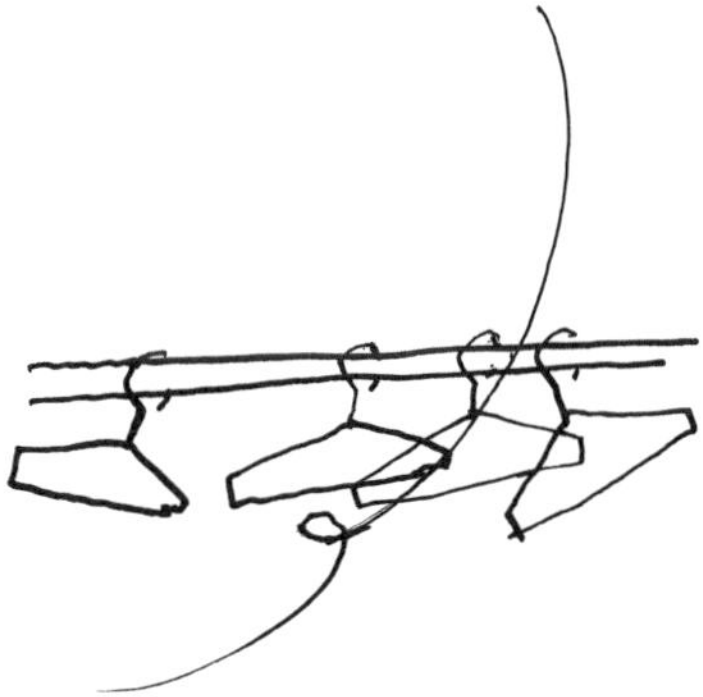

西陽の
当たった
もの干しハンガー。
壁に
映った影も
風に
揺れています。

色玉麩のニョッキ風

京都からいらした編集者に、めずらしいお土産をいただきました。小石ほどの大きさのころころとした楕円の玉が、透明な袋いっぱいに詰まっています。白のほか黄色やピンク、緑色も混ざっていて、色味を抑えたひなあられみたい。あめ玉とか、落雁《らくがん》のようでもあるなあ……と思いながら匂いをかいでいたら、おつゆに浮かべるお麩なんだそうです。

みそ汁の具のなかでもお麩は大好物なので、いただいたその日の夕方、だし汁にそのまま放り込んでみました。けれど10分たっても20分たっても、ちっともやわらかくなりません。弱火で煮ていればそのうち自然にもどるだろうとたかをくくっていたのだけど、芯までやわらかくなるのにけっきょく30分以上もかかってしまいました。

ここではじめて私は老眼鏡をかけ、袋を裏返してみたのです。「水に60分ほど浸したあと、軽く水分をしぼってから調理してください」と、小さな字ですがちゃんと書いてありました。名称は色玉麸《いろたまふ》というのだそうです。

さて夕食。

白みそ仕立てのみそ汁に浮かんだかわいらしいお麸は、ひとつひとつがもっちりとして食べごたえがあり、ふだん私が食べ慣れているものとはまったく違うものでした。お餅とまでは言わないけれど、生麸に近い感じで、存在感がありながらも奥ゆかしい食感。うーん、京の都の雅《みやび》な味がする。

袋に残ったお麸は、大きさもとりどりで、親指の先くらいのものもあれば、小指の先くらいのものもあります。色合いは純和風で風流そのものなのだけど、この形、このもっちり感は、なんだかニョッキに似ているぞ。

それで、次の日のお昼ごはんに、さっそく試してみることにしました。生クリームの半端も冷蔵庫にあったので。

まず、色玉麩50グラムを1時間ほど水に浸け、芯まですっかりもどしてざるに上げます。

玉ねぎのみじん切り1/4個分をバター15グラムで甘みが出るまで炒め、もどしたお麩を軽く絞って加えます。中まで熱が入るように弱火でしっかりめに炒め、ところどころに焼き色がついてきたあたりで、生クリーム1/2カップと牛乳1/4カップを加え、強火で煮からめます。

塩とこしょうで味をととのえ、たまたまあったディルを刻んで加えたのですが、なんとなく平淡で、もうひと味欲しいような気分。ためしに柚子こしょうを小さじ1ほど加えたら、どんぴしゃでした。

それ以来わが家では、〝クリーム仕立ての料理には何でも柚子こしょう〟が流行っています。

続・タミゼ　クロイソの打ち上げ料理

栃木県の黒磯にある「タミゼ　クロイソ」でトークイベントをした日の料理は、「夏の炊き込みご飯4種」と「昌太郎君の焼豚」のふたつを紹介しましたが、この日の打ち上げには、じつはまだほかにもおいしいものがいっぱいありました。それをちょっと、書いてみようと思います。

まず、東京で洋風の食堂をやっているKさんが作ってくれたのは、「道の駅」の紅い小粒じゃがいも（中が黄色い）を皮ごとゆで、熱々のうちに木べらでくずして、酢、オリーブオイル、ねり辛子（フレンチマスタードがなかったので）でざっくり和えたもの。じゃがいもはわざと皮をむかず、混ぜているうちに自分からくずれたみたいなでこぼこを残して、味がよくからまり、温かいのも冷めたのもとてもおいしかったです。

焼きたての「豚のキュルキュル」を、外のテーブルでみんなが頬張っているところに出てきたのは、小ぶりのトマトを半分に切り、粗塩とオリーブオイルをまわしかけただけのサラダ。トマトは切り口を上に向け、みずみずしい姿がよく見えるよう器いっぱいに並べてありました。グレーの厚手の大皿は、ヨーロッパの修道院にありそうな古い土もので、トマトの赤と緑がかった種の色がよく映えていました。

肉に合わせて食べたらおいしいかも……と思いつき、私がイエローキウイをむきはじめたら、女の子がスッと立ち上がって手伝ってくれました。皮をむくのも切るのもずいぶん手際よく、硬めの桃と取り合わせて楕円の白大皿に迷うことなく盛りつけてゆきます。あとで聞いたのだけど、この女の子は以前にイタリアと神戸のフルーツパーラーで働いていたことがあるんですって。

昌太郎君はというと、次の肉を焼きながら、皮ごとの玉ねぎやとうもろこしを炭火で蒸し焼きにしていました。飲みながら、食べながら、やりたい人がさりげなく台所に立って、気づけば誰かが洗い物をしていたり。日が暮れはじめると、誰彼ともなく立ち上がり、外のテーブルをしまいはじめたり。

続きは部屋の中の大テーブルで。ワインを飲みながら、Kさんのギターに合わせて歌ったりもしました。ちょうど小腹が減った頃、冷やし中華（ゆでたとうもろこしをほぐしたものと、細切りのきゅうりが、麺がかくれるほどたっぷりとのっていました）が、大皿でドーン。

「タミゼ　クロイソ」は、本当にいいところでした。どこまでが台所で、どこからがリビングなのか分からないような広々とした床の上を、スイスイ動きながらみんなといっしょに料理したのも、笑い声を遠くに聞きながら、広いバスルームのトイレに腰かけぼんやりしていたのも、何をやっても自由で、風がよく通り……なんだかみんなでキャンプに来ているみたいでした。夏のはじめのいい思い出です。

白菜漬けの豚しゃぶ

秋には、京都へ出かけました。とっておきの場所を紹介するという、ある雑誌の取材でした。

ちっとも京都通なんかじゃないのに、この仕事をお引き受けしたのは、愛読書『きょうの漬け物』のおかげです。もう9年近くも前（2006年）に出た本ですが、本棚のお気に入りの場所に置いて、読むたびに、本の中の京都を旅してきましたから。

この本はもともと、錦市場にある漬け物屋さんで働いていらっしゃる濱田千香さんが、お客さんに発信していた二十四節気ごとの便りを一冊にまとめたものなんだそうです。千香さんは京都で生まれ育ったので、この土地ならではの風物、しきたり、お祭りなどの説話が、子どもの頃の思い出と同じようにふわっと出てくるところに憧れます。一話一話に挟まれる漬け物の話がまた、とってもいいんです。仲間たちと体を動かして日々漬け物をこしらえ、お客さんと向き合い売っている人の、飾り気のない喜びがにじみ出ているようで。

たとえば、2月の「雨水《うすい》のころ」の便りはこんなふう。大好きな箇所を引用させていただきます。

「だんだんと春が近づいてきています。錦・高倉屋の小さな間口にも、時折、春の気配を漂わせた風が入ってきます。この時期は、どこか遠く、近くのあちこちで、目には見えない何かが、しかし確実に生まれている感じがします。それは大気の変化とか、風とか、光とか、山の木々の芽吹きとか、誰かが何かを決心したこととか、いろいろ、いろいろいろなことが合わさって、大きな力みたいなものになって、『そっちはどうだ?』とやってくる気がします。来週は雛祭。錦・高倉屋の店頭にも、小さなお雛さまを飾りました。（中略）雛祭のお茶うけには、べったら漬がおすすめです。きゅうりの古漬を切るように、包丁で薄く、薄くスライスすると、半透明のきれいな色に。これを小さな器に、花びらのようにふんわり盛ります。赤や黒など濃い色の器に盛ると、一段と映えます」

この本には、「高倉屋」さんと同じ店主がやっている「百練《ひゃくれん》」という飲み屋もちょくちょく登場します。ここは、夏になると店の男の子たちがテレビの野球観戦をしによく集う「漬け物、丸干し、雄のししゃも、お茶漬、豚しゃぶ。簡単な料理しかありませんが、気取らない、心地のいい店」。

いつかきっと、「百練」にも行ってみたいと願っていた9年越しの夢は、その日の夕食にかないました。「高倉屋」さんの漬け物盛り合わせ、ポテトサラダや牛すじ煮込み、きゅうりのたたき、お揚げの焼いたのなど、気のおけないつまみもいろいろと頼みましたが、メインはやっぱり豚しゃぶです。

目からウロコだったのは、鍋に加える具として注文した「くたくた白菜」。その正体は白菜漬け（たぶん、塩ぬきされていたと思います）です。

しんなりくったりとした白菜漬けも、ふんわりやわらかな豚肉も、軽くしゃぶしゃぶした水菜も、七味唐辛子をふったポン酢しょうゆ（これも目からウロコでした）に浸けて、いくらでも食べられました。お豆腐がまたやわやわで、口の中でとろけるよう。漬け物のうまみが染み出したスープはコクがあり、お土産に持って帰りたいくらいでした。

そうそう、帰りの新幹線に向かうタクシーの中で、年配の運転手さんが言っていたのですが、京都の人は七味唐辛子になみなみならぬ愛着を持っているそうで、漬け物やみそ汁にはもちろんのこと、どんなものにもふりかけて香りを楽しむんだそうです。運転手さんは、ポン酢しょうゆに七味をふった例のタレで、焼き餃子を食べるのが大好きなのだそう。

私は粉山椒が好きなので、みそ汁や漬け物には七味と山椒を両方ふりかけますと伝えると、「ほな、七味唐辛子のビンの中に山椒の粉を好きなだけ混ぜて、オリジナルブレンドにしはったらよろし」。

いいことを教わりました。

クリスマスの鍋焼きチキン

クリスマスのチキンの話です。

その前にひとこと。わが家のクリスマスは特別なことは何もせず、料理もいつもと同じように畳の部屋のお膳の上で、テレビを見ながらいただきます。夫婦ふたりだけだし、ワインなんかも開けないけれど、きんぴらごぼうや焼き魚ではやっぱり味けないから、いつもとはちょっとだけ違う洋風のごはんが食べたい……というくらいのささやかなクリスマス。そういえば何年か前に、小さめの鶏を1羽丸ごと買ってきてお腹に詰め物をし、オーブンでまわしながら焼いたことがありました。でも、時間も手間もかかるわりにはパサパサとして、あまりおいしくできなかったのです。

去年のクリスマスは、ふたのできる厚手の鍋に骨つきのもも肉を2本並べ、オーブンで蒸し焼きにしてみました。つけ合わせのじゃがいもも、マッシュポテトにしようか、薄く切って重ね焼きにしようかと迷ったのですが、鶏肉と同じ鍋の底に並べてしまえば、ひと鍋でいちどに焼き上がるし、肉汁がじゃがいもに染みておいしそうだと思って。

玉ねぎの甘みを引き出すために、鍋の中でじっくり蒸らし炒めをしていたとき、窓の外ではちょうど夕焼けがはじまったところでした。ラジオから流れる賛美歌を聞きながら、台所とリビングを行ったり来たり。ときどき窓辺に立って、ビルの谷間に沈む夕陽を眺めたり。

よく炒めた玉ねぎの上に、薄切りにしたじゃがいもをずらして並べ、フライパンで香ばしく焼きめをつけた鶏肉をのせてオーブンに入れてしまえば、あとは放っておくだけ。とっても簡単なのに、鶏肉が本当にやわらかく、じゃがいももねっちり。見た目も味も、レストラン並のご馳走になりました。

鍋まかせのこの料理のポイントは、玉ねぎを気長に炒めるところくらいでしょうか。今年のクリスマスにでも、あるいはクリスマスでなくっても、うつりゆく夕空を眺めながら、みなさんもぜひ試してみてください。

【作り方】２人分

1　まず、鶏肉の下ごしらえから。鶏もも肉大2本は骨に沿って切り込みを入れ、にんにくのすりおろし1片分、塩、黒こしょうをひいて、パプリカの粉を小さじ1/2ほどもみ込んでおきます。パプリカは肉に香ばしさを加えるだけでなく、焼き上がったときにほんのり赤みがついておいしそうに見えます（多すぎると苦みが出るので気をつけて）。上からオリーブオイルをひとまわしし、玉ねぎを炒めているあいだ、冷蔵庫でマリネしておきます。

2　玉ねぎ1個半を薄切りにします。オーブンに入れられる厚手の鍋に大さじ2のオリーブオイルと玉ねぎを入れ、はじめは強火で、全体に油をからませてからふたをします。玉ねぎから出てきた水分をからめるように木べらで混ぜながら、中弱火でふたをしては放っておき、また混ぜるのくり返し。茶色くなるまで蒸らし炒めにするのです。玉ねぎの水分が足りないようなら手水《てみず》をふり、ねっとりと仕上げるつもりで。茶色くなったら火を止め、鍋の底に広げておきましょう。

3　じゃがいも4個の皮をむき、丸ごと水にさらします。半分にしてから5ミリ厚さに切って、2の玉ねぎの上にリンゴのタルトのようにずらしながら並べます。並べ終わったらバター20グラムをところどころにちぎってのせ、220度に温めておいたオーブンでふたをせずに10分ほど下焼きしてください。

4　フライパンを強火にかけ、オリーブオイル大さじ1を熱して鶏肉を皮目から並べ入れます。焼き色をしっかりめにつけたら裏面も軽く焼き、白ワイン1/4カップをまわしかけ、ふたをします。30秒ほどで鶏肉を取り出し、皮目を上にして3のじゃがいもの上へ。フライパンに残った焼き汁は半分くらいに煮詰め、上からまわしかけます。

5　4の鍋にふたをしてオーブンに入れ、20分から30分ほど蒸し焼きにします。鶏肉に9分通り火が通ったら、じゃがいもめがけて生クリーム大さじ2をまわし、最後はふたをせずに10分ほど焼いてください。鶏肉とじゃがいもを盛り合わせ、刻んだパセリをふりかけてでき上がり。あれば粒マスタードを添えます。

ゆで大豆のマッシュポテトもどき

先日、名古屋から来た青年と夫の3人で、イベントのための打ち合わせをしました。午後の3時頃からはじめたのですが、とても素直で感じのいい若者だったので、途中でワインを開け、ささやかな飲み会となりました。冷蔵庫にはほとんど何もなかったけれど、あるものを工夫してつまみを用意しながら、私もちびちびと飲みながら。

まずお出ししたのは、朝ごはんの残りの白菜とにんじんの塩もみサラダに、ディルを刻んだもの。鹿肉のサラミソーセージが少しだけあったのを思い出し、テーブルの上で薄く切って、チーズといっしょに盛り合わせ、まな板ごと。あとは、茨城の娘から送られてきたれんこんを厚切りにし、皮つきのままごま油でじりじり焼いたのと、すりおろしたものに片栗粉と塩を混ぜ、フライパンで丸く焼いたれんこんのお焼き。

冷蔵庫には粗びきソーセージが6本と、いつでもスープができるようにとたまたま解凍しておいたゆで大豆がありました。野菜カゴにじゃがいもがあれば、普通にゆではじめたのだろうけれど、ほろ酔いで勢いづいていた私は、大豆をすりつぶしてマッシュポテトもどきを作ろうと思いついたのです。

まず、すり鉢にゆで汁を切った大豆をあけ、できるだけ粒を残さずにすりこぎでしっかりとつぶしました。そこに牛乳を少し加えて混ぜ、ぽってりとすり混ぜてから鍋にうつし入れ、もう少し牛乳を加え、木べらで混ぜながら弱火で温めました。目標はお皿の上にぺったりと広げられる、まさにマッシュポテトくらいのやわらかさなので、さらにもう少し牛乳を。水分を吸わせるようにしながら、ふつふつと弱火でねり混ぜていきました。ちょうどいいやわらかさになったところでバターを加え、塩をふり、味見をしながら、もしかしたら合わないかもしれないけども……とひかえめにナツメグをふりかけたとたん、魔法のように味がまとまりました。

色のせいもあるのでしょうか。食感はちょっと違うけれど、大豆だと言わなければ分からないくらいのマッシュポテトっぷり。これをお皿に敷き詰め、真空パックの袋ごと弱火でボイルしてフライパンで焼きめをつけたソーセージを2本ずつのせ、粒マスタードを添えて出しました。名古屋の青年はナイフとフォークを器用に動かし、ぺろりとたいらげてくれました。

この文を書くために、後日もういちど作ってみたところ、ゆで大豆2カップに対し、牛乳は1/2カップ強、バターは10グラムがちょうど頃合いでした。

いもペンネ

お昼は何にしようか……と思いながら、ベランダで伸びをしていたら、カレーのいい匂いがしてきました。マンションの下の階からのようです。おいしそうだなあ。でも、お昼にカレーライスはちょっと重いかな。

冷やご飯が残っていれば、ハムやピーマンと炒めてカレーチャーハンにしたいところでした。でも、冷蔵庫にも冷凍庫にもご飯はなし。チャーハンにいちばん近いのはペンネでしょうか。けれどペンネも125グラムしかなく、ふたり分にはちょっと足りません。

迷っている暇もないので、とにかく私はトマトソースを作りはじめました（カレー味はあきらめました）。鍋にお湯を沸かし、塩を加えて、ペンネもゆではじめてしまいます。

メイクインを2個みつけたので、足りない分はじゃがいもで補うことに。ポテトサラダやマッシュポテトをパンにのせて食べるのが大好きな夫が、いつだったか、「じゃがいもと粉ものは合う！」と断言していたのを思い出したからです。

メイクインは皮をむいて拍子木切りにし、切ったそばからペンネの鍋に放り込みました。つまり11分ゆでのペンネをゆではじめてから、急いで泥を洗い、皮をむいて、切って、水にはさらさずに鍋へ。そのくらいの時間差でじゃがいもをゆではじめたというわけです。ペンネもじゃがいもも、ゆで加減はこれでドンピシャでした。

あとはざるに上げて湯をきり、ゆでていた鍋にもどし入れます（温度を下げたくないので鍋は洗いません）。バター10グラムとオリーブオイルをひとまわしして、煮込み中のトマトソース2/3量を加え、塩、こしょう。

いつもならトマトソースもとろりとするまで煮込むのだけど、少し早めに火を止めた分、酸味もほどよく残り、とろみ加減もちょうどいい具合で、粉チーズとタバスコをふりかけておいしくいただきました。

行き当たりばったりのこんなお昼ごはん、もしかしたらイタリアのお母さんも作っているかもしれません。そういえばロシアにも、じゃがいものペリメニ（ゆで餃子）がありました。シベリア鉄道のホームで買った、近所のおばさん手作りのペリメニは、つぶしじゃがいもに炒めた玉ねぎとディルが入っていました。粉のねっちり感と、じゃがいものもくもく。主張しないもの同士の微妙な味合わせにじーんとしました。じゃがいもは、「カルトーシュカ」。ペリメニの具を確かめたい一心で、「スパシーバ（ありがとう）」の次に私が覚えたロシア語です。

【トマトソースの作り方】

1　トマトの水煮1缶分をボウルにあけ、手でくずしておきます。

2　鍋にオリーブオイル大さじ3とにんにくの薄切り1片分を入れ、中火で炒めます。

3　にんにくが色づいてきたらいちど火を止め、1のトマトと塩小さじ1、ローリエ1枚を加え、木べらでよく混ぜます。

4　3の鍋を弱火にかけて、ふたをずらしてのせ、ときどき混ぜながら20〜30分フツフツと煮込みます。煮込み加減はお好みで。仕上げに粗びき黒こしょうをふってください。

※粗熱がとれたら密閉容器に入れ、冷蔵庫で1週間ほど保存できます。

かぶの鍋蒸し炒め&自家製マヨネーズ

このところわが家では、ホウロウ鍋で青菜を蒸らし炒めにするのが流行っています。小松菜でもほうれん草でも炒めたものは喜ぶのだけど、おひたしにすると夫の箸がどうも進まないのです。その点鍋蒸し炒めは、全体にまんべんなく味がからまるからか、私と取り合いになるくらい。

作り方はとっても簡単。ホウロウ鍋に油を少し入れ、青菜にからめて、塩をふってふたをするだけ。青菜から出てきた水分だけで蒸らすので、葉っぱの濃い味がします。

最初に試したのが小松菜です。鍋に植物油（私は太白ごま油を使いました）を大さじ1弱入れ、3、4センチ長さにざくざく切った半束分の小松菜を加えて、ざっと油をからめます。塩を小さじ1/3ほどふってふたをしたら、はじめから強火。鍋の中に蒸気がこもってフツフツと音がし、水分が泡立ってきたところで、少しだけ火を弱めます。途中ふたを取ってみて、4割程度しんなりしていたらいい調子。箸で手早く混ぜ、ふたをして5つ数えて火を止め、あとは余熱で蒸らします。計ってみたことはないけれど、時間にしたら1分もかからないんじゃないでしょうか。だし汁も酒も入っていないのに、強火にかけるのは心配になるかもしれないけれど、小松菜を洗うときに残った水分があります。これが蒸気を誘い、塩の力で引き出された青菜の水分と合わさって、蒸されるのです。ふたについた水滴もむだにせず、鍋の中に落としましょう。

同じ方法でちぢみほうれん草も、小松菜とかき菜（火が通りやすいよう、太い茎はたて割りにしました）を合わせたものも、とてもおいしくできました。

最近のヒットはかぶ。みずみずしい大きなものをみつけたので、実と葉の両方を使い、油でざっと炒めてから蒸してみました。平皿に盛りつけ、たまたま冷蔵庫にあった手作りマヨネーズをかけたら、白ワインにも合いそうなひと皿に。これはちょっと、イタリアンの温野菜サラダのような感じでもあります。

手作りマヨネーズは、卵黄に酢を混ぜたものにサラダオイルを少しずつたらしていくのが一般的ですが、私のレシピは、まず、卵黄に油を少し混ぜてぽってりと乳化させてしまいます。そこに酢を加え混ぜ、残りの油をたらしていくと、不思議と分離しにくいのです。おかしなレシピですが、だまされたと思ってぜひ試してみてください。

【作り方】

◎かぶの鍋蒸し炒め（2人分）

1　かぶ大1個は根元の葉を少し残して切り落とし、皮ごと半分にしてから5ミリ厚さに切ります。水に浸け、葉に入り込んだ泥を落としてください。葉の方は、かぶ2個分を3、4センチ長さに切ります。

2　厚手の鍋に植物油またはオリーブオイル大さじ1を入れて強火にかけ、1を加えてごく軽く炒めます。塩小さじ1/3をふってふたをし……、あとの工程は本文に記した青菜と同じです（かぶの場合は1分以上かかります）。

◎自家製マヨネーズ

1　ボウルに卵黄1個分を入れて泡立器で軽くほぐし、練り辛子小さじ1/2〜1と、あればフレンチマスタード小さじ1、塩小さじ1/2を加えてやさしく混ぜます。

2　1のボウルに1カップのサラダオイルの1/4くらいの量を少しずつ加え、静かに混ぜます。

3　ぽってりととろみがついたら、酢大さじ1を加えて混ぜ、残りのサラダオイルを細くたらしながら、手を休めずに泡立器で混ぜていきます。
4　もったりとしたなめらかなクリーム状になったら、黒こしょうをふってでき上がり。
※空きビンにうつし入れ、冷蔵庫で1カ月近く保存できます。

スパゲティのグラタン

半袖では肌寒いくらいの、一日中雨が降り続いている日でした。夫は朝から山の家へ出かけていました。

夕食の時間ぎりぎりまで、引越しの荷物をダンボール箱に詰めていて、私はとてもお腹がすいていました。このところ毎日のようにやり続けていたから、足も腰も首すじもパンパン。

さて、今夜は何を食べようか。簡単にすませてしまおうと思って冷蔵庫を開けると、スパゲティの残りがありました。すっかり伸び、冷たくなってはいるものの、なすとズッキーニ入りのトマトソース味です。中皿に軽くひと盛りくらいの半端な量ですが、イタリア風のオムレツの具にしようと、いつぞやの夕食の残りをとっておいたのです。円盤形に焼いて切り分け、タバスコをふりかけてふたりで食べるつもりでした。

山の家へ出かけたら、夫はしばらくのあいだ帰ってきません。せっかくひとりの夕食なので、私は時間を気にせずに支度をすることにしました。ちょっと肌寒いこんな夜は、ホワイトソースをこしらえてグラタンにしよう。

私のホワイトソースのレシピは、レストラン時代からのもの。新人のアルバイト君でも古株の子たちでも、ダマができずに簡単に作れます。ちょっと乱暴ですが、バターと小麦粉を炒めたら冷たい牛乳を一気に注いでしまうのです。あとはすぐに泡立器に持ち替え、とにかくダマがなくなるまで溶かし込みながら、手早く混ぜるのがポイント。いちど火を止めてから牛乳を加えると、落ち着いた気持ちで混ぜることができます。

基本の分量はレシピの通りですが、その日の気分でバターをひかえめにし、まったりとした粉の味わいをいかしたり、低脂肪牛乳にしてあっさり仕上げたり。ちょっと濃厚にしたいときは、牛乳の半量を生クリームに代えたりもします。

ではスパゲティ・グラタンのひとり分の作り方です。

まず、バターを薄く塗った耐熱皿にスパゲティをうつし入れ、マカロニくらいの長さにはさみで切ります。ラップをかぶせ、レンジでチン。ほうれん草1茎は1センチ幅のざく切りにし、ホワイトソース（基本のレシピの半量）のとろみが出かかった頃に加えます。ここに粉チーズをふたふりして混ぜ込み、耐熱皿のスパゲティの上にかけ、220度のオーブンで焼き色がつくまでふつふつと焼きます。

7時のニュースを見ながら、香ばしく焼けたグラタンをハフハフといただきました。サラダも何も作らず、グラタンだけ。おなじみのアナウンサーの声は、いつにも増して優しく、穏やかに聞こえました。

【ホワイトソースの作り方】

1　小鍋かフライパンにバター30グラムを弱火で熱し、半分くらい溶けてきたところで小麦粉大さじ2と1/2を加え、木べらで炒めます。

2　細かな泡が出てきたらもうしばらく炒め、牛乳1と1/2カップをいちどに加えます。すぐに泡立器に持ち替え、完全にダマがなくなるまで手早く混ぜて溶かし込みます。塩小さじ1/4〜1/3加え、さらに混ぜながらまんべんなくとろみがつくまで煮ます。仕上げにナツメグと黒こしょうで味をととのえます。

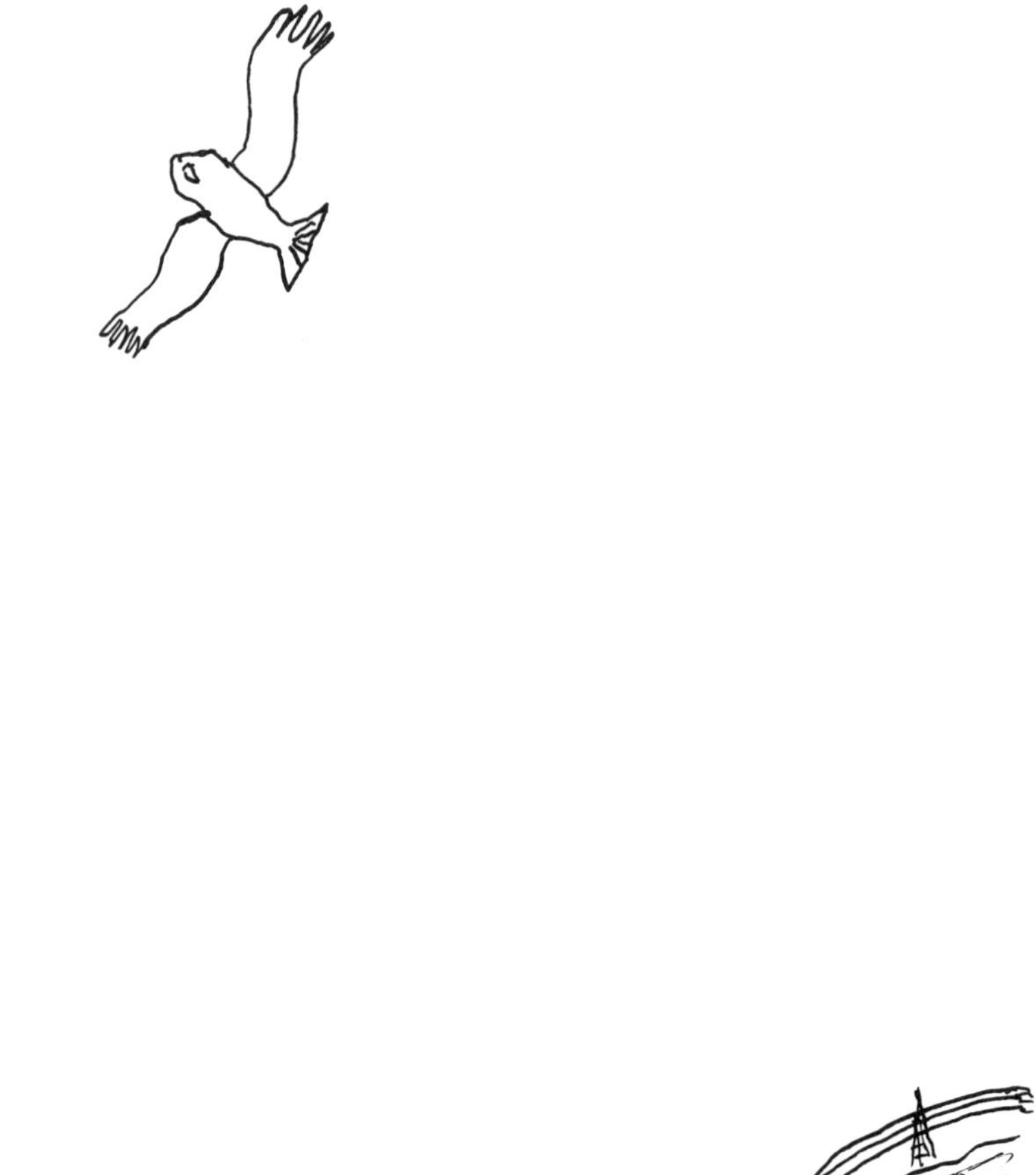

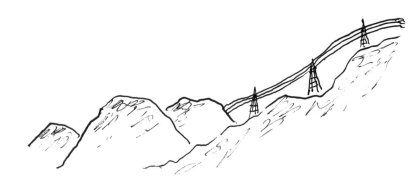

風呂上がりに
涼んでいたら
ぽくぽくぽくぽくと
蹄《ひづめ》の音がして、
窓の下の道を
イノシシが
駆けぬけてゆきました。

茶節

神戸・六甲の山の近くに引っ越してきました。ここはかなり急な坂道の上にあるマンションの4階なので、窓いっぱいに空と海が見渡せます。玄関の扉を網戸にしておけば、山から、海から、風が吹きぬけとっても涼しい。朝晩などは肌寒いほどです。

きのうの朝、東京の友人と裏の森を散歩していたら、緑生い茂る山道のところどころに、木の根っこを掘り返したあとがありました。人気のない森なので、どこかに潜んでいるんじゃないかとは思っていたけれど、やっぱりイノシシがいるようです。近所にはスーパーもコンビニもなく、食材を仕入れるには駅の方まで坂道を下りないとなりません。引越してからまだ3日目ですが、すでに私は、家にあるものをとことん利用して料理をするようになりました。茶碗にはりついたご飯粒のひとつまで、残さずきれいに食べています。

『暮しの手帖』で、引越しの取材をしてくださったライターさんにいただいた、かつおの「本枯《ほんが》れ節《ぶし》」も大切に使っています。このかつお節は、鹿児島の枕崎の伝統製法によるものだそうで、ライターさんの手書きレシピが袋に貼りつけてありました。「茶節《ちゃぶし》は鹿児島のパワーフード、熱々でいただくと、元気が出るそうです」というひとことも添えられています。

①かつお節をひと握り、お椀に入れる。
②みそを入れる。
③熱いお茶を注ぐ（卵黄をいっしょに入れる人もいるそうです）。
④よくかき混ぜてねぎを入れる。

「茶節」とは、お手軽みそ汁のようなものでしょうか。お昼に残りご飯をおにぎりにして、みそ汁がわりにさっそく試してみました。お茶っ葉がなかったので熱湯でやりましたが、ほんのりスモーキーな「本枯れ節」の香りが立ち上り、だしも充分にきいて、想像以上のおいしさでした。かつお節も具として食べられるし、梅干しやおろししょうがを加えてもおいしそう。ひとり暮らしの食卓で、これから大活躍しそうな予感です。ちなみに今日の夕食は、「本枯れ節と大根おろしのスパゲティ」にするつもり。

後日、ライターさんにお礼の電話をしたら、「ほうじ茶を濃いめにいれて熱々を注ぐと、すっごく香りがよくておいしいですよ。前に、親の看病と仕事でくたびれはてて、何ものどを通らなかったとき、鹿児島の友人が本枯れ節を送ってくれたんです。言われるままに茶節を作って飲んだら、すーっと沁みるように体に入ってきて、おいしくって、ほんとに元気になったんです」と、おっしゃっていました。

【本枯れ節と大根おろしのスパゲティの作り方】2人分

1　塩を加えたたっぷりの湯で、スパゲティ200グラムをゆでます。

2　スパゲティをゆでているあいだに、大きめのボウルにマヨネーズと植物油（私は太白ごま油を使いました）をそれぞれ大さじ1強、バター20グラム、粗びき黒こしょうを合わせておきます（混ぜなくても大丈夫）。大根を好きなだけおろし、ざるに上げて水けをきり、細ねぎはたっぷり刻んでおきます。

3　ゆでたてのスパゲティを2のボウルに入れ、お玉に軽く半杯ほどのゆで汁を加えてよくからめます。本枯れ節をふたつかみと、しょうゆ少々を加えて和え、器に盛りつけます。大根おろしをこんもりとのせ、細ねぎを散らし、しょうゆを落として混ぜながらいただきます。柚子こしょうを添えてもおいしかったです。

トマトとしらすの冷やし中華

東京に住んでいた頃の、お昼ごはんのレシピをひとつ。

それは暑い暑い夏の日のことでした。冷蔵庫には、ガラスビンの中でだし汁がよく冷えていました。きっと、煮物用か何かのいつかのだしが少しだけ余っていたのでしょう、とても半端な量です。中華の生麺も2袋ありました。これはずいぶん前に買っておいたもの。うーん、これで冷やし中華ができないかな。

冷やし中華のタレを手作りするには、鶏ガラスープの素をお湯で溶いてから調味料を加え、ボウルごと氷水に当てて冷やすのだけど、せっかく冷えているこのだし汁を利用しない手はありません。だし汁なので、なんとなしに和風に傾けるつもりで、しょうゆ、酢、きび砂糖、ごま油を加えました。タレといっても冷やし中華ほど味を濃くせず、ぶっかけ素麺のおつゆに近い感じ。トマトとしらす、みょうがと青じそをたっぷり刻んでのせたら、たまたま冷蔵庫にあったものの組み合わせなのに、まるでこういうのが食べたくて材料をそろえたような味になりました。

甘酸っぱい汁にしゃぶしゃぶと麺を浸しながら、汁も飲みながらいただきました。中華麺でなくっても、素麺やうどん（細めが合いそうです）に替えてもおいしそう。冷たい麺には、トマトは赤く熟れたものが合うようです。

ところで、しらすなどの海産物は、甘酸っぱい味にも意外によく合います。私はちらし寿司を作るとき、しらすやちりめんじゃこがあると、いりごまといっしょによく加えていますが、これは子どもの頃、近所のおばさんがたらこをほぐしたものに砂糖と酢をほんのちょっとかけ、ご飯にのせておいしそうに食べていたのが忘れられないからなんだと思います。

そういえば、この冷やし中華を作った日、夫は冷凍庫から氷を取り出し、汁に浮かべて食べていました。麺をゆで上げるとき、面倒がらずに氷水で冷やしてあげればよかったなぁと悔やんだことまで思い出しました。

【作り方】２人分

1　まずタレを作ります。ボウルに冷たいだし汁を1/2カップ、しょうゆ大さじ3、酢大さじ4、きび砂糖大さじ3、ごま油小さじ1をよく混ぜ合わせ、冷蔵庫で冷やしておきます。

2　小さめのトマト2個（大きければ1個）はさいの目切りに、みょうが2個はたて半分にしてから斜め薄切り、青じそ5枚はせん切りにします。

3　鍋に湯をたっぷり沸かし、中華麺をゆでます。ざるに上げて冷水をかけ、軽くもんでぬめりをとってから、氷水に浸してキリッとひきしめます。水けをしっかりきってから、皿に盛ってください。

4　2のトマトをそれぞれの麺の上に広げてのせ、しらす大さじ4をこんもりと、みょうがと青じそも彩りよくのせます。1のタレを半量ずつまわしかけ、ねり辛子を添えます。

ウズベキスタン風肉じゃが

ウズベキスタンのある田舎の村で、民宿に泊まったときのこと、若奥さんから「ディムラマ」という料理を教わりました。教わるといっても、作っているところを近くで見せてもらっただけですが。

この料理は、大ぶりに切ったじゃがいもがゴロゴロと入った、トマト入りの肉じゃがみたいなもの。レストランでも地元の人たちが食べているところをよく見かけました。ウズベキスタンの人たちの好物のようです。

その日の夕方、私はシャワーを浴びたばかりで、まだ髪が濡れていました。台所の戸口に立って髪の毛に風を入れながら、写真を撮ったり、メモしたり。やっとつかまり立ちができるようになった若奥さんの赤ん坊は、日本の白瓜ほどもある大きなきゅうりを与えられ、ひとりでおとなしくかじっていました。

若奥さんは通訳さんとおしゃべりばかりして（旦那さんがロシアに出稼ぎに行っているので、ちゃんとごはんを食べているかどうか心配だとか、浮気をしていないかしらとか……）、火の前にはほとんど立ちません。にんにくは皮つきだし、牛肉も玉ねぎもにんじんもトマトもじゃがいもも、すべて大ぶりに切ってある。油も多めだからきっと焦げつく心配がないのでしょう。ときおり火加減だけ見たら、ざざっとひと混ぜ、ふたをして、あとは鍋にまかせているようでした。ウズベキスタンはじっとしているだけで汗が噴き出すようなとても暑い国だから、そんな調理法が生まれたのかもしれません。

「ディムラマ」ができるまでのあいだ、民宿の子どもたちは手分けして中庭の掃除をしていました。小学校1年生の女の子が、自分の背丈と同じくらいのほうきを抱えて通路をはいていたり、男の子たちは菜園に水をまいていたり。最後にたたきにも水をまいてくれたおかげで、葡萄棚の下のタプチャン（足を伸ばして座れる縁台のような食卓）も、私のいる台所も、ずいぶん涼しくなりました。私が子どもの頃、家の前の道に水をまいては父にほめられた夏の夕方のことを思い出しました。

6月のウズベキスタンは日が落ちるのが遅く、日暮れまでたっぷりと時間がありました。7時を過ぎてもまだ明るく、あたりが蒼くなってもそこからが長く、なかなか暗くなりません。台所ではお鍋がコトコトと煮え、懐かしいような、とてもいい匂いがしていました。

できあがった「ディムラマ」は、具と煮汁とに分けて盛りつけるのがこの家の食べ方のようで、煮汁には菜園のハーブ（ディルと香菜）が散らされ、スープとして出てきました。なんだか、フランスのポトフやポテみたいだなと思いました。

【作り方】2人分

1　豚肩ロース肉300グラムは塊のものを求め、4つに切って、塩と黒こしょうで下味をつけます。にんにく2片は皮つきのまま根元の硬いところだけ薄く切り落とし、玉ねぎ1/2個とトマト1個はそれぞれ8等分のくし形切りに。にんじん1/2本は皮をむいて乱切り、じゃがいも4個も皮をむいて2等分に切り、水にさらしておきます。

2　厚手の鍋にサラダオイル大さじ3を入れて強火にかけ、皮つきのにんにくと1の豚肉を焼きつけます。

3　肉のまわりに焼きめがついたら玉ねぎを加え、軽く炒めます。さらににんじんを加えてざっくりと炒め、じゃがいもを加え、油がまわったところでトマトも加えてざっと混ぜます。

4　水$\frac{1}{2}$カップ、トマトペースト大さじ$\frac{1}{2}$、クミンシード小さじ$\frac{1}{3}$、パプリカ小さじ1、刻んだ固形スープの素1個を加え、塩をひとふりしてふたをし、煮立ったらとろ火で20〜30分煮込みます。

5　じゃがいもがほっくりとやわらかく煮えたら、塩で味をととのえ、煮汁ごと器に盛って、サワークリームをのせ、刻んだ香菜とディルをふりかけます。

※教わったのは牛肉でしたが、私は豚肉で作ってみました。

魚の煮汁の炊き込みご飯

神戸に越してきてそろそろ4カ月、夏のあいだには汗をかきながら、何度坂道を上り下りしたことでしょう。おかげでようやく、この街に暮らしている実感がわいてきました。お気に入りのスーパーも何店かみつけ、関西ならではの食材をいろいろ試しているところです。

薄べったい大きなお揚げや、京都の絹ごし豆腐の数々（どれもなめらかで、濃厚で、とてもおいしいのです）、淡路島産の玉ねぎ、卵、ワカメ、しらす、ちりめんじゃこ。ていねいに骨切りされた鱧《はも》に、繊細で脂ののった白身魚のカラスガレイ。あとは、錨《いかり》マークのウスターソースと、神戸牛乳にヨーグルト。夏の盛りに食べた、京都大原の朝採りなすのおいしかったこと。スーパーに行くたびにバラ売りされているのを2本だけ買って帰り、焼きなすにしたり、フライパンで油焼きにしたり、はりさけそうなほどのみずみずしさを逃したくなくて、いつもその日のうちに料理していました。

　まだまだ更新中ですが、ひとり暮らしの台所事情にも日々の発見があります。食材も調味料も種類を多く買えない分、あるものでいろいろに工夫するクセがついたのです。天かすなどというものは、お蕎麦やうどん、お好み焼きくらいにしか使い道がないものと思い込んでいましたが、カレーうどんにもみそ汁にも、チャーハンにも炒め物にも合うし、砂糖じょうゆを混ぜておにぎりの具にすると、天むすのようになります。調理の途中で加えるか、仕上げに加えるかで食感が変わるのもおもしろいし……どうやら私は天かすを、ちりめんじゃこやごまなどと同じように頼れる食材だと感じはじめているみたいです。1袋買って冷蔵庫に入れておけば、料理のアクセントにいつでも使えます。

　水なす漬けのまわりについたぬかをとっておき、きゅうりや大根、みょうがなどに塩をまぶして漬けるのは、秋になった今でも続けています。タッパーで密閉するとぬかが汗をかいて水っぽくなってしまうので、ふたのかわりにビニール袋をふんわりとかぶせています。これが、ひとり分のぬか床にはちょうどいい量なんです。

味もなかなか好評で、東京の友だちが遊びにきたときに出したら、「ひとり暮らしなのに、ぬか漬けをはじめたの？」と驚かれました。

あと、煮ものの汁やトマトソース、タレなどは、ほんの少しでも残ったら捨てずに小皿にとっておくようになりました。ひとりだと、どうしても手間を省いたごはんになりがちだけれど、こういうのを利用するとちょっとだけ手の込んだ味になるからか、侘《わび》しい感じにならないのも新しい発見でした。

ことのはじまりは、カラスガレイを煮つけにしたときのこと。高橋みどりさんのお母さんがいつも、魚の煮汁でなすをくったり煮ていたという話を思い出したのです。みどりさんは、煮魚よりも翌日のなすの方がおいしくて楽しみなくらいだったと笑っていたっけ。なすがあればもっとよかったのだけど、半端な量のかぼちゃがあったので、煮汁を水で薄め、酒ときび砂糖で味をととのえて煮てみました。これが、魚のだしがきいてとてもおいしかったのです。

このあいだは、隣町の市場でメバルを買い、絵本の編集者が打ち合わせでいらしたときに、お頭つきで煮つけにしました。帰りの電車でもまだピチピチしているくらい活きのいいメバルだったので、ウロコとエラだけ取って、ハラワタもぬかずに煮てしまいました。おかげで煮汁もとてもおいしく、頭と骨まで捨てられずに冷蔵庫にとっておいたというわけ。六甲でギャラリーを開いているKちゃんが遊びにきた日に、その煮汁とたっぷりのしょうがのせん切りで炊き込みご飯をこしらえてみました。炊き上がりには青じそと細ねぎを加え、鰻の蒲焼きのタレのような甘辛い味付けにしたので、山椒もふりかけました。例のぬか漬けと、大根と青じそのサラダを添えたら、どこかの食堂の、今日のおすすめランチみたいになりました。

【作り方】3～4人分

1　スライス干ししいたけは、かぶるくらいの水に浸けておきます。しょうがをたっぷりせん切りにします。

2　食べ終わった魚の煮汁を骨ごと鍋にあけ、適量の水を加えて火にかけます。煮立ったら弱火にし、骨からだしをとるつもりでアクをすくいながら煮ます。

3　2をざるでこして鍋にもどし、1の干ししいたけをもどし汁ごと加えます。しょうゆ、みりん、酒で鰻の蒲焼きのタレを薄めたような味にととのえ、しばらく煮ます。粗熱をとってざるでこし、しいたけはよけておきます。

4　米2合をといでざるに上げ、しっかりと水けをきって土鍋にあけます。

5　3の煮汁が足りないようなら水と合わせて360㎖になるようにし、4に入れ、ごま油大さじ1を加えます。そのまま30分ほど浸水させてください。

6　5をひと混ぜして平らにならし、3のしいたけと1のしょうがをのせ、強火にかけます。勢いよく湯気が上がったら弱火にし、10分ほどで炊き上げます。

7　火を止めたら10分ほど蒸らし、ざっくり混ぜて大皿に盛りつけます。刻んだ青じそと細ねぎを散らし、めいめいの茶碗によそってから山椒をふり、スダチを搾っていただきます。

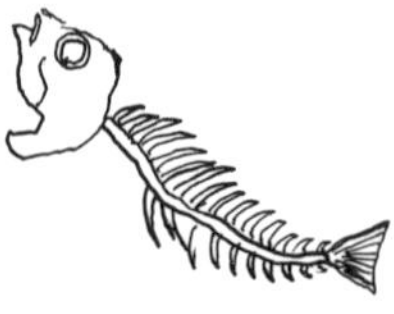

極細もやし炒め

行きつけのスーパーで近頃気になっている野菜は、兵庫県産の極細の根切りもやし。東京で売っている細めのもやしよりもさらに細く、「銀の糸」という美しい名前がついています。

先日、買って帰ってもやし炒めを作りました。もやし炒めとビールだけの気楽な晩ごはん。何でもない白いお皿にこんもりと盛って、麺のように細いもやしを、窓辺でもしゃもしゃと夢中になって食べました。夜景を眺めながら。

いつも夫とふたりでつつき合って食べていたもやし炒めを、お皿を抱え、ひとりで食べ切ってしまえる喜び。お皿に残った汁までおいしく飲み干しました。

【作り方】1人分

1　家にあるいちばん大きなフライパンに、ちょっと多めにごま油をひいて、薄切りのにんにくを入れ、強火にかけます。
2　にんにくが色づき、香ばしい匂いがしてきたら、極細もやしを加えます。フライパンいっぱいに広げ、できるだけいじらずにおきます。
3　ときどき軽くフライパンを返し、菜箸で大きく混ぜ、全体に油がまわったら、塩、こしょうをふり、鍋肌にしょうゆを少々落とし、ざっと混ぜます。
※余熱でも火が通るので、くれぐれも炒めすぎないように。ジャジャッと炒め、まだ生っぽいかなというくらいで器に盛りつけると、ちょうどいい。コツはただひとつ、フライパンを充分に熱することです。

絵描きの友人のチャーハン

絵本作りをしていたある日の昼下がり、絵描きの友人がごま油の香り立つチャーハンをこしらえてくれました。冷蔵庫にあるものといえば、いつぞやに私が焼いて食べた、西京漬けの鮭とカラスガレイのほんのちょっとずつの残りに、しらすが少しだけ。うちには電子レンジがないので、冷凍のご飯を自然解凍しておいたものと、あとは半端な量のほうれん草くらいしかなかったのだけれど。

パソコンに向かって物語をまとめながら、ふと台所をのぞくと、細かく刻んだほうれん草をボウルに入れ、ごま油、塩、しょうゆを加えて軽くもみ、なじませているところでした。不思議に思ってたずねると、小松菜でもかぶの葉でもねぎでも、緑ものを最後に加えるときにはいつもこんなふうにするんだそうです。「炒めはじめてから、調味料を加えなくてもいいように、ここでだいたいの味を決めてしまうんです」。

でき上がったチャーハンは、色とりどりの具がモザイク模様のように混じり合い、白いお皿にこんもりと盛りつけられていました。お山（茶碗でかたどったそう）のてっぺんには、綿帽子みたいなしらすがちょこんとのっています。具のそれぞれがちっとも主張していなくて、やさしくなじんだ味。魚の小骨が少しくらい残っていても、私だったらかまわずに炒めてしまいそうだけど、彼のは食べていて舌に当たるものがひとつもありませんでした。きっと、箸と指先を使っててていねいに身をほぐしたんだろうな。

「ほうれん草の汁けが入るから、最初はしっとりとしてるんですけど、強火で炒め続けていると、自然に水分が飛んでいきます。でも、あんまりパラパラになりすぎないように、ほどよいところで火を止めました」

水分がぬけてパサパサだった冷たいご飯の一粒一粒が、ふんわりとふくらんでとてもおいしかったのは、この辺りにヒミツがあったのかもしれません。チャーハンというと、中華鍋を充分に熱し、カンカンと盛大な音をたてながら煽《あお》るのがいかにも男の料理！　みたいだけれど、彼のチャーハンの音はゆったりと穏やかで、真似をしたい工夫があちこちにありました。

【作り方】２人分
1　ほうれん草2茎はご飯粒の3倍くらいの大きさに刻んでボウルに入れ、ごま油、塩、しょうゆを加え（たまにお酒を加えることもあるそう）、軽くもんでなじませておきます。

2　焼いた西京漬けの魚の身を細かくほぐし、小骨をすっかり取りのぞいておきます。

3　卵3個を軽く溶きほぐします。白身と黄身はそれぞれの色が残るよう、あまり混ぜすぎないようにしてください。

4　フライパンにごま油またはサラダオイルをひいて、強火で熱します。卵を流し入れたら、すぐにほぐした冷やご飯（茶碗に軽く2杯分）を上にのせ、しばらくおいておきます。フライパンに当たっている面の卵がほどよく固まってきたら、木べらで混ぜます。上下を返して、しばらくおいては混ぜ、また返してのくり返し。ご飯粒に卵をからませるつもりでやってください。

5　ご飯が卵をまとい、いい塩梅にふんわりしてきたら、黒こしょうをふって混ぜ、2を加えて炒め合わせます。

6　1のほうれん草を出てきた水分ごと加え、あとはまんべんなく混ぜながら、強火で炒めていきます。

オイルサーディンのオイルのパスタ

ひとり暮らしをはじめて気がついたのは、納豆のこと。

夫といっしょに暮らしていた頃には、パックに入ったのをそれぞれがかき混ぜ、直にご飯にのせるのを何とも思っていませんでした。それが今では必ず小鉢にうつし、ねぎを刻んで、ときには卵も加えてよく混ぜ、泡立ててから食べるようになったのです。佃煮類もビンごと出すのではなく、気の利いた豆皿を並べ、ちょこまかとかわいらしく盛ったりして。

洗い物が増えるからとか、面倒だからという小さな怠け心は、家族がいる家では食卓の賑やかさの中にうまく吸収される気がするけれど、ひとりきりだと侘しさだけがくっきりと際立ってしまうのです。いつか食べようと思って置いてあるカップヌードルにまったく手が出ないのも、我ながら不思議だなぁと思います。いちど食べたら、自由気ままの底なし沼にはまってしまうような気がして。インスタント食品をさらっと食べられるようになったら、ひとり暮らしも上級なのかもしれません。

さて、煮物の汁でも炒め物でも、どんなものでもとっておいて次の料理に利用する……という話は、前に書きました。今回は、そこに新たに加わったレシピをひとつ。オイルサーディンを食べ終わって、缶に残ったオイルに、くずれたサーディンの身が少しばかり混じっているのが捨てられず、とっておいたことから生まれたパスタです。

しばらく買い物に出られず、にんにくと青じそしかない日に作ったのですが、サーディンの風味がコクとなり、想像以上においしかったのです。それからというもの、オイルサーディンのオイルは必ず冷蔵庫にとっておくようになりました。

あと、にんにく、しょうが、青じそ、ねぎ、みょうがなどの薬味類や、香りのもの（カボスや柚子、風味のいい七味唐辛子、山椒など）が何かしらあると、ひとり暮らしの侘しさもどこかに飛んでいってくれるような気がします。

【作り方】1人分

1　フライパンにオイルサーディンのオイルをあけ、足りないようならオリーブオイル適量を加えて弱火で熱し、薄切りのにんにく1片分を炒めます。香りが立ったら、バター10グラムとほんのちょっとのしょうゆを加え、粗びき黒こしょうをふりかけます。

2　塩を加えた湯でスパゲティ80グラムをゆでながら、1のフライパンに大さじ2〜3ほどゆで汁を加え、大きく混ぜて乳化させます。ここにゆでたてのスパゲティをからめ、器に盛って青じそ2枚を刻んでのせたらでき上がり。

※おまけのレシピです。

秋も深まった頃、『暮しの手帖』編集長の澤田さん（当時）から、丹波の黒枝豆が届きました。毎年この季節になると送ってくださる、大粒でねっとりとした甘みを含んだ、たいへんおいしい枝豆です。その日もちょうどオイルサーディンのオイルがとってあったので、このパスタとドッキングさせてみました。

レシピは、作り方1のバターが溶け出したところにちりめんじゃこを軽くひとつかみ加え、じりじりと香ばしく炒めます。さらにゆでた枝豆を加えてざっと合わせ、生クリームを加えてしばらく煮、塩で味をととのえ、ゆでたてのスパゲティをゆで汁を少し加えながらからめます（この日は焼きたてのパンもあったので、パスタに添えて食べました）。枝豆はぜひたっぷりと入れてください。春に出まわるグリーンピースでもおいしくできそうです。

干ししいたけのスパゲティ

ひとり暮らしのごはん作りもずいぶん板についてきました。野菜がなくなってもわざわざ買い物に出たりせず、そんな日は乾物に助けてもらいます。切り干し大根、ひじきに大豆、干ししいたけはスライスのと普通のと両方……いつもそろっているわけではないけれど、めずらしいお土産をいただくこともあるので、乾物入れには何かとあるのです。

先日も京都でトークイベントがあった日に、ファンの方からとても立派な干ししいたけをいただきました。男の方だったのですが、「肉厚で身が締まって香りも高く、これは本当にとてもおいしいんです」と熱心におっしゃっていました。ゴロンとした丸みと厚み、松かさが開いたような白い亀裂の入ったきれいな模様の干ししいたけでした。「天白《てんぱく》どんこ」というのだそうです。

お肉もソーセージも何もなかったのだけど、明日はスパゲティが食べたいなという前の晩、この干ししいたけをふたつばかり水に浸け、もどしておきました。菊菜（東京で売っている春菊よりも、葉が大きくやわらかい品種）が冷蔵庫に少しだけあったので、合わせるといいかもしれないと思って。

翌日、たっぷりと水を吸ってふくらんだしいたけは、とてもいい匂いがしていました。薄く切ったら味も香りも歯ごたえもそこなわれてしまいそうで、5ミリほどの厚さに切りました。しいたけでスパゲティを作ろうとすると、私はついオイスターソースやナンプラーで濃い味付けにしてしまうのだけど、そのものの味を活かしたくて、シンプルなしょうゆ味にしようと決めました。でもこのしいたけ、このままでは味の含みが悪いだろうな。

そこで試してみたのがこのレシピ。彼がおっしゃっていた通りに、みっちりと身が締まったしいたけはまるでアワビのよう。だしをとったあとの昆布も加わって、極上のスパゲティとなりました。

【作り方】1人分

1　塩を加えたたっぷりの湯でスパゲティ80グラムをゆでているあいだに、にんにく1片の薄切りを少し多めのごま油で炒めます。火加減は弱火です。

2　ここからは強火。1のフライパンに厚切りにした干ししいたけ2枚と、だしをとったあとの昆布を細く切って加え、炒めます。油がまわったら、干ししいたけのもどし汁をひたひたより少し多めに加え、しょうゆを少し入れて、軽く煮詰めます。

3　2の煮汁が少し残っているくらいで、バターを15グラムほど加え、スパゲティのゆで汁をお玉1杯弱加えて、強火のまま木べらで混ぜながら乳化させます。とろりとしてきたら、ゆでたてのスパゲティとざく切りの菊菜1茎分を加えて和えます。黒こしょうをふってでき上がりです。

※しいたけの味付けが濃くなりすぎたら、大根おろしをのせて混ぜながら食べてもおいしそう。粉チーズや柚子こしょうも合いそうな味でした。「天白どんこ」でなくても、普通に売られている「どんこ」など、肉厚の干ししいたけで作ってみてください。きっと、充分においしくできると思います。

下仁田ねぎじょうゆ

地元の野菜ばかりを並べているスーパーで、みずみずしい下仁田ねぎをみつけました。神戸の農家さんが作っているようです。下仁田といったら群馬ですが、本家本元に負けないくらいに太ったものが、4本も入って190円です。

家に帰るとすぐ、白いところだけ切り離し、厚手の小鍋に隙間なく並べ、ローリエ1枚と黒粒こしょうを2粒、薄めのコンソメスープをひたひたに注いでふたをし、身が透き通るまでとろとろに煮ました。これは、長ねぎでよくやる保存食で、パリで食べたポロねぎのマリネがお手本です。

残りはどうしましょう。白いところから緑の葉にうつり変わるあたりの3センチ分は、うどんやお蕎麦にのせてもおいしそうだけど、新鮮なうちに使い切りたいのです。そこで、粗みじんに刻んだものを空きビンに入れ、薄口しょうゆを注いでおきました。ねぎからもおいしい水分が出てきそうなので、しょうゆの量はひたひたよりかなり少なめです。

しばらくそのまま置いて、ねぎがしんなりした頃に箸で混ぜたら、ねばりが出てきました。味見をすると、ねぎの甘みと辛みがしょうゆの味に負けていません。これはこれは！　蒸した野菜や、湯豆腐につけて食べたらおいしそう。ワカメにかけたり納豆にも合いそうです。さて、残った緑の葉っぱもみずみずしく、とてもほかす気になれません。はて、どうしてくれようか……と、この文を書きながら、考えあぐねています。

後日、このねぎじょうゆでもやし炒めをしたら、ほかの調味料は何も加えなかったのに、中華屋さんで食べたみたいな深い味わいになりました。

※ねぎじょうゆは、冷蔵庫で保存してください。

神戸風おでんの三変化

東京から仕事仲間が遊びにやってきた初冬のある日、前の日からおでんを煮はじめました。神戸のおでんは牛すじが決め手。あとは、さつま揚げも特徴的なようです（丸くて大きいのは〝丸てん〟、四角いのは〝平てん〟と呼ぶ）。これは地元の友人が連れていってくれた、大衆呑み屋さんで知りました。

私の作り方はまず、牛すじをゆでこぼすところから。水はたっぷりめ、最初は強火で煮立て、出てきたアクをすくって中火で10分ほど。火が通ったらざるに上げてアクと脂を洗い流し、食べやすく切って竹串に刺しておきます。コンニャクは三角に切って味がよく染みるようフォークであちこちに穴をあけ、水から下ゆで。煮汁が減ったら加えられるように、だし汁（薄めがいいようです）もたっぷり用意しておきます。

材料の下ごしらえがすんだら、大鍋に牛すじを入れ、かぶるくらいの水と酒でしばらく煮ます（味が入りやすいように）。次にだし汁と塩、ほんの少しのしょうゆを加え、コンニャク、下ゆでした大根、ゆで卵、ちくわぶ、厚揚げなど味が染みにくいものから加えて煮ていきます。さつま揚げとちくわはすぐにくたくたになってしまうので、最後の頃に。別の鍋で丸ごとゆでておいたじゃがいもは、いちばん最後です（途中で牛すじがやわらかくなったので、いちど取り出しておきました）。煮上がったものを土鍋にうつし、温め直して食卓へ。

おでんを煮るコツはただひとつ。決して急がず、煮立たせず、じっくりと煮ふくめること。コトコトと静かな音をたて、おでんが煮えているとき、窓の外には霧が出ていました。海も空も真っ白で、そのうち湯気で窓も白く曇りはじめ、それは本当に、おでんを煮込むのにちょうどぴったりな日和でした。

東京の仕事仲間が帰ったあと、残ったおでんは何日かに分け、ひとりですべて食べ切りました。まず、煮詰まった汁を水でのばし、みそを溶き入れ、刻みねぎと七味唐辛子。翌日にはそこに牛乳を加え、刻みねぎ。最後はカレールウとトマトを加えておでんカレー。とろとろの牛すじも味の染みたコンニャクも、驚くほどカレーに合っていました。やっぱり、牛すじベースの煮汁のせいでしょうか。

絵描きの友人の実家のおでんは少し甘口で、具の残りを細かく刻み、お好み焼きにするのが翌日のお楽しみ。味付けはしょうゆのことも、ソースのこともあるんだそうです。

チートスのアフリカ帰り

外国の食材をいろいろ売っている駅前のお店で、チーズ味の「チートス」を買ったのだけど、大袋なので食べても食べてもなかなか減りません。そのうちにすっかり飽きてしまいました。「チートス」というのは、とうもろこしからできたチーズ味のスナック菓子のこと。

神戸に住んでいる絵本の編集者が打ち合わせでいらしたとき、ちょっとめずらしいお土産を三宮で買ってきてくださったのを思い出しました。それは甘くないポン菓子のようなものに、カリカリしたクラッカー、カシューナッツ、ピーナッツ、緑色の小さな豆（ムング豆でしょうか）、レーズンなどの香ばしいものばかりが混ざったインドのスパイシー・スナック。けっこう辛いのだけど、これがなかなかクセになる味だったのです。

そこで私も食べかけの「チートス」の袋に、棚にあるスパイスを片っ端から加えてゆきました。クミンパウダー、チリパウダー、カイエンヌペッパー、ガラムマサラ……調子にのって、ウズベキスタンを旅したときに市場で買った謎のミックス・スパイス（パプリカを主にコリアンダーシード、クミンシード、ディルなどのハーブらしき緑の葉が粉々になって混ざっている）と、最後に少しだけカレー粉も。ときどき味見をしながら、袋をふって全体にスパイスがまぶさるようにしました。

でき上がりは、なぜだかアフリカっぽい味です。それでまた思い出しました。昔、東京の中野にあった「カルマ」という無国籍料理店で私が働いていたとき、「とうもろこしのアフリカ帰り」という夏の人気メニューがありました。ゆでたとうもろこしを網の上で転がして香ばしく焼いたのに、ミックス・スパイスと塩とレモンを添えたもので、搾ったレモンをとうもろこしに塗りつけるようにしてからミックス・スパイスをふり、かじりつくのです。スパイスはチリパウダー、カイエンヌペッパー、黒こしょうの3種類だけなのに、アフリカの赤っぽい大地を彷彿とさせるような味と香りでした。このメニューはたしか、アフリカ帰りのお客さんに教わったんだと思います。

というわけで、私の即席スパイシー・スナックも「チートスのアフリカ帰り」と命名してみました。これ、ビールのおつまみに最高です。

冬の冷麺

夏のあいだに食べ損ねていた冷麺が、1袋だけ冷蔵庫にあるのがずっと気になっていました。

きゅうりもないし、キムチやワカメもなくて、ちゃんとした冷麺はできないけれど、ぽかぽかとした小春日和のある冬の日、お昼ごはんに作ってみることにしました。

まず、麺をゆでてざるに上げ、冷水をかけてぬめりをとりました。ゆうべの残りのおにぎりがひとつだけあったので、使う麺は半分だけ。大根をせん切りにして麺の上にこんもりとのせ、添付のタレをかけ、いりごまをふって、ごま油をほんのちょっと。（せめて、青じそがあればよかったのに……）と、残念に思いながら盛りつけていたのだけど、食べてみたら大根だけでも充分においしかったのです。もっと大根が多くても、冷麺サラダのようになってさらによかったかもしれないです。野菜が大根しかなかったから仕方なくそうなったのだけど、そういえば本格的な焼き肉屋さんの冷麺には、梨を刻んだのがのっていました。大根と梨は、歯ごたえがちょっと似ています。

後日、冷蔵庫で保存しておいた残りの麺は、ニラと炒めてオイスターソース味の焼きそばにしました。冷麺の麺は、炒めるとどうしてもくっつきがちなのだけど、独特のねばりともっちりした歯ごたえが、なかなかおいしかったです。

神戸は牛すじが新鮮でとても安いので、いつかの冬に、じっくり煮込んでとった塩味の牛すじスープで温麺にするのもいいかもしれません。わけぎをたっぷり刻み、キムチものせて。

ハンペンとお麸のグラタン

新しい絵本の物語を書くのに夢中で、気づいたら夕方の6時半を過ぎていました。背中はガチガチ、目も痛いから、もう夕飯は食べずに寝てしまおうかと、とりあえずお風呂に入ってしまいました。

寝る支度もして、いつもの日課でなんとなしにパソコンを見ていました。

私は、フェイスブックもツイッターもやらないのだけど、「高山なおみ」のハッシュタグのついたインスタグラムは、毎晩楽しみに見ているのです。私のレシピで料理をしてくださっているのがうれしいし、ファンの方たちの暮らしぶりを、ほんのちょっとでも垣間みられる気がして。

料理名は書かれていなかったのだけど、「幸せだ。何度も作りたくなるレシピ」と、ひとことだけ添えられた写真をみつけました。「ひとりごはん」というタグもついています。

ぼこぼこと盛り上がった焼き上がりは、じゃがいもかマカロニのグラタンでしょうか。小さな台所でこしらえ、遅い夕ごはんにひとりでこれを食べている女の子のことを想像したら、なんだか私もたまらなくグラタンが食べたくなってきました。じゃがいもやマカロニをゆでるほどのやる気はないけれど、冷蔵庫にはハンペン、乾物カゴにはお麩があります。

ハンペンとお麩は存在感が薄く、若い頃にはあまり好きではなかったのに、この頃はしみじみ「おいしいなぁ」と感じます。おでんのハンペン、みそ汁やすき焼きのお麩など、あの頼りないような味と食感は、煮汁を吸ったときにこそ威力を発揮します。このグラタンも、ハンペンとお麩にホワイトソースを吸わせるように、牛乳が冷たいうちからいっしょに加え、木べらで混ぜながらゆっくりととろみをつけていくのがコツ。白っぽいでき上がりもフワッとしたハンペンも、とろりとしたお麩も夜の胃袋にやさしく、適当に作ったわりにはとってもおいしくて、ヤケドしそうに熱いのをふうふうと食べました。

【作り方】１人分

１　お麩はひとつかみを水に浸けてもどしておきます。ハンペン（大）$\frac{1}{2}$枚は３センチ弱のさいの目に切ります。

２　フライパンにバター15グラムを熱し、小麦粉大さじ１を弱火で炒めます。

３　ふつふつしてきたらいちど火を止め、冷たい牛乳１カップを加え、泡立器で手早く混ぜて牛乳と２がまんべんなく混ざるようにします（ここでていねいにやっておくと、ダマになりません）。塩とナツメグも適量加えて混ぜます。

４　ハンペンと、軽く水けを絞ったお麩を加えて弱火にかけ、木べらで混ぜながらとろりとするまで煮ていきます。

５　バターを塗った耐熱皿に４をうつし入れ、ピザ用のチーズをのせて、２２０度のオーブンで焼き色がつくまで焼きます。

去年の
今頃にも
咲いていた
青紫色の
涼やかな花は、
ツルニチニチソウ
というのだそうです。

ドライフルーツ入りヨーグルト

お菓子の入ったカゴや乾物入れを整理していたら、ドライフルーツが少しずつ出てきました。いちじく、マンゴー、杏、パイナップルにレーズン、どれもすっかり乾いてしまっています。いちじくは去年の秋にサングリアを作ったときの残り、マンゴーと杏とパイナップルは、編集者さんからいただいた台湾土産、レーズンはぶどうパンを焼くので自分で買ったもの。

ドライフルーツはミネラルが豊富だし、肌にもいいそうだから、小腹が空いたときなんかによくつまんでいたのだけど、毎日の習慣にでもしない限り（実家の母は、プルーンやレーズンを毎朝食べています）、目の前からなくなると途端に忘れてしまいます。

東京にいた頃、ひとり暮らしの友人の家に遊びに行ったら、水を張ったヨーグルトのパックが流しにぽつんと置いてありました。

「実家に帰っていて、さっきもどってきたばかりなんだ。出る前に急いで食べたから……」と照れくさそうに片づけながら、「プレーンヨーグルトにレーズンを混ぜておくのって知ってる？　パックに直接入れて、ひと晩冷蔵庫でねかせておくと、朝ごはんのときにいい具合にふやけてて、おいしいんだよね」と教えてくれました。

ほかには洗い物がなかったし、スプーンも差したままだったから、彼女はきっと器によそったりせず、パックのままヨーグルトを食べたんだろうな。昔仲のよかったオランダ人の友だちも、そうやって食べていました。直にスプーンをつっこみ、立ったまま、ひとりで1個丸々食べてしまうのです。それがなんだかカッコいいなと思っていたのです。潔い感じがして。

映画の仕事でハワイに行ったときに、スーパーに並んでいるヨーグルトの大きさを見て納得しました。体の大きな彼らにとっては、日本で売っている大きい方のパックが、私たちの小さなサイズのヨーグルト（プリンくらいの大きさの方）に相当するのです。

さて、ドライフルーツを混ぜ込んだヨーグルトは、そのあと何度も試しました。

カチカチのものだけでなく、買ったばかりの新鮮なものでも試しました。友人が言っていた通り、前の晩に混ぜておくとふっくらとふやけ、なぜだかヨーグルトももったりと濃厚になっています。マンゴーも杏もおいしかったけれど、けっきょく私はレーズンがいちばん好きでした。たくさん入れすぎると、もったりを通り越してヨーグルトが硬くなるので、ほどほどにした方がいいことも知りました。ドライフルーツの何かの成分に反応するのでしょうか、パイナップルのときがとくにそうでした。

器には盛りつけず、スプーンで直にすくってパックのまま食べる。これもレシピのひとつだと思って、ぜひ試してみてください。

キムチ焼きそば

引っ越してから知ったのですが、神戸はソースの種類がとても豊富です。スーパーで1本選んで買い、実際に食べ続けてみて分かったのは、ウスターソースの味が東京のものと大きく違うこと。〝味が薄い〟というとほめ言葉にならないかもしれないけれど、サラッとした中に微妙な味やスパイスの香りが混ざり合い、たっぷりかけても料理が負けないのです。

私はまだ、錨マークのついたウスターソースしか試していないし、まったくの主観なので、神戸の人たちに怒られてしまうかもしれないけれど、東京で売っているウスターソースにしょうゆとだし汁を少し混ぜたら、近い味になるのではないかと密かに思っています。

大好きな脚本家、木皿泉《きざらいずみ》さんは神戸在住。以前ドラマ『昨夜のカレー、明日のパン』のお手伝いをしたときに、主人公のOLテツコさんと同居しているギフ（義父）が、ひとつだけ残した焼売に、ウスターソースをたっぷりかけて食べるシーンがありました。

原作の同名小説から、その部分を引用させていただきます。

「テツコは、ギフのためにソースを取ってやる。最後の焼売をドボドボのウスターソースに、ひたしひたしながら食べるのが好きなのを知っているからだ」

ドラマの収録の頃には何の疑問も持たず、ごく一般的なものを使ってしまっていたけれど、今なら私にも、神戸の人たちのウスターソースへのこだわりが分かります。名物の串揚げを呑み屋で頼むと、壺や鉢のような大きめの器でソースが出てきて、そこに揚げたてをドボッと浸けて食べるのです。お店によっていろいろな調味料を混ぜているらしく、みその味がかすかにするところもありました。でも、どこのもサラッとしている。

さて、「キムチ焼きそば」は絵描きの友人が作ってくれました。炒めるときにはウスター、仕上げにまわすのは「そば焼ソース」(焼きそばソースではない)。それぞれの持つ特徴と違いを心得た、さすがのソース遣いです。

「ポールウインナー」も関西でよく売っているお肉のソーセージで、オレンジ色のセロハンをむいて食べる細長い形が、魚肉ソーセージによく似ています。

友人の家ではソーセージやウインナーでよく作るけれど、「キムチ焼きそば」はたいてい豚肉なのだそうです。お好み焼き屋さんに行くと、どこのお店のメニューにもあり、キムチももっと多めで味付けが濃く、「豚肉のキムチ炒め」の焼きそば版という感じなのだとか。

友人が作ったものは、キムチのほんのりした酸味と甘みがソース味に合わさり、ケチャップを加えたような味。ちょっとスパゲティ・ナポリタンを思い浮かべるような絶妙なおいしさでした。ポールウインナーのせいもあるかもしれません。そういえば昔フィリピンで、こんな味の焼きそばを食べたことがありました。

「そば焼ソース」については、まだ経験が浅く的確に表せませんが、今のところは中濃ソースととんかつソースを混ぜたような味、とでもお伝えしておきましょう。

【作り方】2人分

1　ポールウインナー2本は2センチくらいの長さに手でちぎります（こうすると、切り口まで香ばしく炒まるのだそう）。キャベツ1/4個はひと口大の乱切りに。

2　フライパンにサラダオイル大さじ1を入れて強火にかけ、おいしそうな焼き色がつくまでウインナーを炒めます。キャベツを加えてざっと合わせ、焼きそばの麺（太めのものが合います）2玉を上にのせます。水1/2カップ弱をすぐに加えてふたをし、中弱火で蒸し焼きにします。

3　水分が減ってきたらふたをとり、麺をほぐし、全体を合わせます。ウスターソース大さじ2〜3を加えて混ぜながら炒めたら、黒こしょうをふり、キムチ（1センチくらいに刻んだもの大さじ1強）とキムチの汁を小さじ1ほど加え、まんべんなく混ざるまで炒めます。

4　仕上げに「そば焼ソース」大さじ1をフライパンの縁から加え、強火で煽ります。器に盛ったら、あえて青のりはふりません。

※ポールウインナーが手に入らなければ、スティック状の魚肉ソーセージを使ってみてください。

らっきょう漬けの酢の物＆お手軽ちらし寿司

今年もまた、絵描きの友人のお母さんから、小粒らっきょうの甘酢漬けをいただきました。毎年家族のために漬けているのを、おすそわけしてくれるのです。お母さんはいつも、どれくらいの量を漬けてらっしゃるのかな。大粒のものなら私も作っていた時期があるけれど、ひと粒ひと粒の薄皮を剝くのは、1キロでもけっこうな手間でした。来客でもない限り、せっかく漬けてもなかなか減らないので、そのうちだんだんおっくうになり、自分でやらなくなってからは、「桃屋」の〝花らっきょう〟をスーパーで買ってきたりしていました。

さて、お母さんの小粒らっきょう。カリカリと歯ごたえがよくとてもおいしくて、お酒のあてにつまんだり、カレーに添えたりとちびちび大切に食べていたのですが、もう残り少なくなってきました。漬け汁ばかりビンに残っているのが忍びないなぁと思いながら、スプーンですくって飲んでみると、甘みも酸味もやわらかで、小粒のせいからっきょうくさこがちっともありません。これなら甘酢として酢の物にも充分活かせそう。

まず、らっきょうの漬け汁を小鉢に入れ、薄口しょうゆ少々で味をととのえました。そこに食べやすく切ったワカメ（水けをしっかりめにきる）、軽く塩でもんだ薄切りのきゅうりとみょうが、せん切りしょうが、ちりめんじゃこ。奮発して、らっきょうも粒のまま加えて、和えて……。冷蔵庫で冷やしておいて風呂上がりに食べてみたら、やっぱり思った通りのおいしさで、汁まで飲み干してしまいました。これならわざわざ三杯酢を作らなくても、簡単に酢の物ができます。

それから何日かして、寿司酢にも使ってみました。具はしらす、みょうが、青じそ、らっきょう、いり卵くらいの簡素なものですが、器に盛って切り海苔を散らしたら、いり卵の黄色が鮮やかかな、酸味のつんとこない、やさしい味のお寿司ができました。軽く炙《あぶ》ったさつま揚げやかまぼこ、細く切ったたくあんなどを混ぜてもおいしそうです。

【お手軽ちらし寿司の作り方】２人分

１　米１合をとぎ、少し硬めにご飯を炊きます。らっきょうの漬け汁大さじ２に塩ひとつまみをよく溶かし混ぜておきます。

２　炊き上がったご飯はすぐにボウルにあけ、らっきょうの漬け汁を加えて、しゃもじで混ぜます。ご飯に吸わせるつもりで、さっくりと混ぜてください。

３　みょうが１個はたて半分にしてから薄切りに、青じそ３枚はせん切り、らっきょうは10粒ほどを薄切りにし、すべて２の寿司飯に混ぜます。いりごま大さじ１、しらす大さじ２も混ぜます。

４　卵２個を溶きほぐし、きび砂糖大さじ１、塩ひとつまみ、牛乳小さじ１をよく混ぜて、フライパンでほろほろのいり卵を作ります。

５　器に３を盛りつけ、いり卵をのせます。切り海苔を散らし、甘酢しょうがか紅しょうがを添えます。

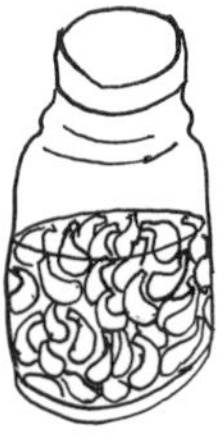

野菜たっぷりの薄焼き

ひとり暮らしをはじめてから、小麦粉をよく使うようになりました。冷蔵庫に何もなくなっても買い物に行かない（行けないのではありません）ことがよくあるので、パンを焼いたり、パンケーキ風のものを焼いたり、お好み焼きにしたりと、粉さえあれば安心です。

なかでも野菜がたっぷりとれる薄焼きはしょっちゅう作っています。水菜、春菊、もやし、白菜、ピーマン、ニラ、にんじん、しいたけなど、冷蔵庫に半端に残っている野菜で何でもおいしくできますから。コツはただひとつ、火が通りやすいように野菜は細切りか、あるいは薄切りにすることくらいです。

そういえばいちど、たまたまもどしてあったワカメを細かく刻んで混ぜ、焼いたこともありました。お客さんが何人かいらしたときに、いちばん大きなフライパンで即興で作ったのだけど、なかなか好評で、おかわりをリクエストされました。ちりめんじゃこやたらこを混ぜると香ばしさがプラスされ、さらによかったかもしれません。

粉の量の割に水分が多く、ちょっと心配になるくらいのサラサラの生地なので驚かれるかもしれないけれど、大丈夫、ちゃんと焼けます。具を混ぜるときには、少なめの生地で野菜を和えるようなつもりでやってみてください。

フライパンいっぱいに広げて薄く焼くので、見た目はチヂミに近いかもしれません。辛子酢しょうゆや、にんにくじょうゆにごま油を混ぜたもの、コチュジャンとしょうゆとごま油を合わせたタレももちろんおいしいのだけど、最近私は、神戸自慢のウスターソースをたっぷりかけて食べるのが気に入っています。

ここでは、いちばんよく作っている「水菜のお焼き」を紹介します。

【作り方】1人分

1　ボウルに薄力粉50グラムを入れ、1カップの水をいちどに注いでダマがなくなるまで泡立器でよく混ぜます。

2　水菜1株は4センチ長さのざく切りにし、1に加えてざっくり合わせます。
3　フライパンにごま油大さじ1杯半をひいて強火にかけ、2を流し入れます。フライパンをまわして生地が縁いっぱいまでいきわたるようにし、カリッとした焼きめがつくまで焼きます。
4　3をひっくり返して裏面も香ばしく焼き、お皿にすべらせるように盛りつけます。好みのタレをつけ、熱々をどうぞ。

ハンバーグのメンチカツ

いつだったか、ハンバーグがたまらなく食べたくなり、ひとり分のひき肉を練って作ったことがあるのだけれど、ちっともおいしくできませんでした。なんとなくお弁当用のハンバーグみたいにこぢんまりとして、味けなかったのです。どうしてなのでしょう。大きなフライパンでひとつだけ焼くのがよくなかったのかな。

それからは、ハンバーグを作るときには2個、または4個分の種を練って、いちどに焼くようになりました。残ったものはラップをして冷蔵庫に入れておけば、サンドイッチにもできますし、ポロポロにほぐしてトマトソースに混ぜるとミートソースもどきにもなります。なすを焼いた上にほぐしたハンバーグをのせ、トマトソースとホワイトソースを順にかぶせてオーブンで焼き、ムサカにしたこともありました。なかでも画期的だったのはメンチカツ。（焼いてある）ハンバーグをたて半分に細長く切り、小麦粉、溶き卵、パン粉をまぶして、多めの油をひいたフライパンでジリジリと揚げ焼きにしたのです。せん切りキャベツをたっぷり添え、熱々にソースをかけて食べたら、メンチカツ以外の何ものでもないおいしさに、思わず唸りました。

天かす入りいり豆腐&割干し大根のハリハリ漬け

今日のお昼はお弁当箱の冷やご飯です。ゆうべ、夕食のあとに詰めておきました。ちぎった梅干しとゆかりふりかけのダブルトッピングは、ご飯が傷まないためのおまじない。お弁当のときにはいつもご飯だけこんなふうにしておいて、おかずはあるものを適当に支度します。

朝ごはんのサラダの残りの塩もみにんじんを小鉢に盛り、すりごまをふりかけ、酢と薄口しょうゆとごま油をちょっと。あとはソーセージ炒めと、割干し大根のハリハリ漬けをご飯の上に。なんとなく、卵を使った甘くて温かいおかずがほしくなり、いり豆腐を作ることにしました。豆腐は絹ごし。

ひとり暮らしの残り物活用が日常になったので、「水っぽくなるから、いり豆腐はやっぱり木綿ごしでないと」なんて、もう言いません。そのうえ豆腐は水きりもせず、卵も溶きほぐさずに直接フライパンに割り入れてしまいます。ひとり分のごはんは、鼻歌まじりに作るのがいちばんだから。

絹ごし豆腐の水けで薄まった甘辛い煮汁を天かすが吸い、ふっくらとして、たまりません。私は薄味で作ったけれど、味加減はお好みで。濃いめにして炊き立てのご飯にのせ、黒七味か七味唐辛子をふって食べてもおいしそうです。

ちなみにお弁当のご飯にのせた割干し大根のハリハリ漬けは、いつもは黒酢、しょうゆ、きび砂糖を合わせて漬け汁を作るのだけど、たまたま黒酢を切らしていたので、かわりにバルサミコ酢を使ってみました。うちのは甘みが強めなので砂糖は加えずに、酸味が足りない分は米酢で補います。バルサミコ酢だからって、洋風料理以外にも使わない手はありません。


【作り方】
◎天かす入りいり豆腐（1人分）
1　フライパンにごま油を小さじ1ほど熱し、絹ごし豆腐1/4丁を加えて大まかにくずしながら炒めます。

2　豆腐が軽く温まったら、濃縮4倍タイプのめんつゆ小さじ2と、水を大さじ4、きび砂糖小さじ1を加え混ぜ、フツフツしているところに天かすを好きなだけ加えます。

3　すぐに卵1個を割り入れ、大きく混ぜ、天かすが煮汁を吸って卵が半熟のうちに、火を止めます。

◎割干し大根のハリハリ漬け（作りやすい分量）

1　割干し大根ひとつかみは、たっぷりの水に浸けてもどします。

2　ボウルにバルサミコ酢、米酢、しょうゆ、柚子こしょうを合わせ、好みの味にしておきます。漬け汁の量はサラダを和えるドレッシングくらいが頃合い、ひたひたでは多すぎます。

3　2に水けを絞った1の割干し大根と、ちぎった青じそを加えて和えます。漬けてすぐのものも、よく漬かったものもどちらもおいしいです。

※空きビンにうつし入れ、冷蔵庫で1カ月ほど保存できます。

ご馳走ミートソースのグラタン

東京からお客さんがいらっしゃる前の日、ふと思い立ってミートソースを仕込んでおきました。ちょこちょことたまっていた冷凍庫の肉類を、すべて使い切ってしまおうという魂胆です。前にミートソースをこしらえたとき、鶏のレバーを少し混ぜたらとてもおいしかったので。

手の平にのるくらいの牛すじ肉は、ゆでこぼし、アクを取っておいたもの。いつか塩味のスープにでもしようと、ひと口大に切っておきました。あとは、シュウマイ作りで少しだけ残った豚ひき肉に、食べ切れなかった砂肝とベーコンのかたまり。いっさいがっさいを粗びき肉くらいに刻んで、水煮トマトと煮込めば、イタリア料理のラグーみたいになるんじゃないかと思って。

ご馳走ミートソースの作り方は、まず、牛すじ肉を鍋に入れ、かぶるくらいの水を加えて火にかけ、やわらかくなるまで1時間ほど弱火でゆでます。ゆでているあいだに砂肝とベーコンを細かく切り、にんにくと玉ねぎはみじん切り。

厚手の鍋にオリーブオイルをたっぷりめに熱し、にんにくを炒めます。香りが立ったら玉ねぎも加えて炒めます。続いてベーコン。脂が出るまで炒め合わせたら豚ひき肉と砂肝を加え、ざっと炒めます。ここに2センチ角に切った牛すじ肉をゆで汁ごと(ゆでているあいだに汁けがずいぶん減っているはず)加え、グラスに半分くらいの白ワインと、トマトの水煮1缶をくずし入れます。トマトペーストも大さじ1ほど加え混ぜ、弱火で煮込みます。5分ほどして全体がなじんだ頃、隠し味のトマトケチャップとしょうゆを少々。塩も加え、ふたはせず、水分を飛ばすようにしてときどき混ぜながら、ぽってりする直前まで煮込んだらでき上がりです。

翌日、ホワイトソースを作り、小麦粉をまぶして油で焼いたなすと蒸したじゃがいも、赤と白のソースを順に重ね、チーズをのせてオーブンで焼きました。オーブンから出し立ての、ふつふつと煮え立っている大ぶりのグラタン皿をミトンでつかみ、食卓へ運んだら、「オー!」と歓声が上がりました。

残り物ばかりあれこれごたごたと重ねたものでも、手作りのソースとチーズをかぶせてオーブンで焼き上げれば、誰もが喜ぶひと皿に生まれ変わる。グラタンは、世界中の台所に君臨する〝残り物料理の王さま〟だなと、そのときに思いました。

【作り方】4人分

1　ご馳走ミートソースとホワイトソースを作ります。

2　じゃがいも3個は丸ごと蒸すかゆでるかし、皮をむいて1センチほどの厚さに切ります。へたを取ったなす3本も、1センチほどの厚さにたてに切り、水にさらしておきます。

3　なすの水けを拭き取って小麦粉を薄くまぶし、多めのサラダオイルで両面を焼きます。耐熱皿にバターを薄く塗り、焼けたなすから順にずらしながら並べます。

4　3のなすの上にミートソースを半量かぶせ、さらにホワイトソースの半量を上からかぶせます。

5　4の上にじゃがいもをずらしながらのせ、今度はホワイトソース、ミートソースの順にかぶせ、いちばん上に溶けるチーズをふりかけて、220度のオーブンで香ばしい焼き色がつくまで焼きます。
※どなたでも簡単にできるダマにならないホワイトソースの作り方は、131頁にあります。

ピーマンのじゃこ炒め

半袖のTシャツでも充分に過ごせる、とってもいいお天気の秋の日に、高知県にある牧野植物園で、子どもたちとお弁当を作ってきました。人数は30名ほど。小窓から緑の植物が見渡せる実習室で5つの班に分かれ、お母さんやお父さん、おばあちゃんもいっしょになってにぎやかにこしらえました。

おかずはゆで卵にタコさんウインナー、豚と鶏のひき肉を半々の割合で合わせた照り焼きハンバーグ、枝豆入りの五目ひじき煮、かぼちゃの煮物のマヨネーズ和え、ピーマンのじゃこ炒め。おむすび用には、ゆかりとのりたまのふりかけを混ぜた2種類のご飯のボウルをテーブルごとに用意し、ラップを広げた上に、好きな大きさになるよう、お母さん方にご飯をのせてもらいました。これなら手がべたべたになったり、ご飯粒が散らばったりしないから、子どもたちはちゃんとひとりでにぎれます。

高知には古くからの友人がふたりいて、前日の仕込みから当日のサポートまで、私の片腕となって手伝ってもらえたのも、とても心強かったです。そのうちのひとりは、私が20代の頃に働いていたレストランの後輩で、地元に帰ってすぐに「ワルンカフェ」というエスニック料理の食堂を開き、もう30年近くも切り盛りしているのです。

その彼女が高知産の小ぶりのピーマンを切っているのを見ていたら、白くてふっくらとしたワタがとてもおいしそうに見えました。その前にかぼちゃを切っていたとき、「ワタをつけたまま煮ると、ねっとりして甘くなるから、できるだけ残してタネだけ取った方がいいよね」と、相談していたところだったのです。ピーマンのワタをつまんで食べてみると、ほんのり甘みがあり、ふわふわしていて、なんだか果物みたいに繊細な味がしました。「ピーマンのワタって、食べられるのかな?」。

すかさず彼女も味見をし、「そういえば、ワタもタネも食べる人がおるって聞いたことあるきねぇ」と頼もし気な土佐弁で言います。そこからはピーマンの硬いヘタだけ落とし、ワタもタネもつけたままで細切りにすることにしました。

タコさんウインナーも、照り焼きハンバーグも、子どもたちが主になって焼いたおかずとおむすびは、それぞれがお弁当箱に自分で詰めてゆきました。迷ったり、やり直したりして手間どりながら、まるでパズルでもしているように、子どもたちが真剣にお弁当箱の隙間を埋めているのを、少し離れたところから大人たちがじっと見守っていたのも、とてもいい時間でした。

小さなお弁当箱を小さなハンカチでくるみ、そのあとで植物園内の野山を散策しました。お腹を空かせてから、風に吹かれながら食べたのもとてもよかったし、子どもたちを集め、絵本を読み聞かせできたのもうれしかった。ピーマンは苦手な子が多いようだけど、ワタのおかげでねっとりと甘みが出たせいか、ほとんど残さずに食べてくれたみたいです。

そうそう、照り焼きハンバーグは最初、豚のひき肉だけで作るつもりだったのだけど、高知に着いたのが午後で、地元の食材をとりそろえたスーパーはすでに食材が乏しくなっていました。それで急きょ、鶏のひき肉を加えることを思いついたのです。おかげで、鶏つくね団子にほどよく豚の脂が合わさったようなおもしろい食感になり、甘辛いタレも香ばしく、とてもおいしかったです。

【作り方】作りやすい分量

1　ピーマン4個はたて半分に切り、ヘタの茎の部分を指で折ります。茎がついていた花のガクのようなところも、指先でていねいにやればはがせます。

2　ワタとタネをつけたまま、まな板の上にふせ、横に7ミリ幅に切ります。

3　ちりめんじゃこを軽くひとつかみ、弱火のフライパンで空炒りします。いい香りがしてきたら白ごま大さじ1を加え、じゃこが軽くカリッとするまでさらに炒ります。

4　3にごま油大さじ1と、2のピーマンを加えて強火で炒めます。油がまわって軽くしんなりしたら、酒大さじ1をまわしかけ、塩をふたつまみ、薄口しょうゆ小さじ1を加えて混ぜ、炒りつけます。

手羽先とじゃがいものチゲ鍋風

手羽先が3本だけ冷凍してあったので、ゆうべから冷蔵庫にうつし、解凍しておきました。今日は買い物には出ず、一日中書きものをしながらことことスープを煮ようと思って。野菜カゴには、じゃがいもと玉ねぎがあります。

さて、どんなスープにしようかな。窓の外では木枯らしが吹いています。手羽先とじゃがいもに玉ねぎを加えれば、粒マスタードを添えて洋風のポトフにもなるけれど、今夜はチゲ鍋みたいな、ちょっと辛いスープをフーフーしながら食べたいような気分です。

じゃがいも入りのチゲ鍋なんて、おかしいでしょうか。でも韓国には、骨つき鶏肉とじゃがいもを甘辛く煮込んだ、唐辛子粉たっぷりの「タットリタン」という肉じゃが風の料理があります。それで、「タットリタン」とチゲ鍋を合体させたようなスープを作ることにしました。

まず、手羽先は先の部分を切り離し（おいしいスープがとれるのでいっしょに煮込み、あとで取りのぞきます）、肉の多い方は食べるときに身がはずれやすいよう、骨の両脇に庖丁を入れておきます。

手羽先を鍋に入れて酒をひとまわし、かぶるくらいまで水を注いで火にかけます。皮をむいた小指の先ほどのしょうがと、根元の皮をほんのちょっと切り落とした、ちょっと大きめのにんにく1片を放り込みます。皮ごとだと、にんにくにじっくりと熱が入り、みそのようにねっとりしたのがスープにとろけ出すのです。

原稿をひとつ書き上げた頃、鶏肉はずいぶんやわらかくなっていました。スープが減っている分だけ水を足し、手羽先の先と、ぽかんと浮き上がっているにんにくの皮を取りのぞきます。鶏ガラスープの素とコチュジャン、みそ少しを適当に加え、皮をむいて水にひたしておいたメークインの小さいのを丸ごとふたつ。

じゃがいもがやわらかくなった頃を見はからって味見をすると、思い通りの味になっていました。ひと粒のにんにくのおかげで、スープにこくが出ています。ひとり分の小さな土鍋にうつし入れ、水に浸けてもどしておいたお麩と、絹ごし豆腐を大きめの四角い奴に切ってのせ、ふたをしてもうしばらく、お鍋がクツクツいうまで煮込みました。

土鍋ごと食卓に出し、磯のり（板状にしていないのり）をのせてスッカラ（柄の長い韓国のスプーン）ですくって食べました。ご飯は炊かなかったのだけど、お麩とじゃがいものおかげでお腹がいっぱい。大満足の初冬の晩ごはんでした。

ひろみさんのお好み焼き

ひろみさんは、六甲駅の近くで娘の今日子ちゃんと「MORIS《モリス》」という小さなギャラリーを開いています（ひろみさんがおっしゃるには「今日子が店長で、私はパートのおばちゃん」とのこと）。今日子ちゃんというのは「続・タミゼ クロイソの打ち上げ料理」の回に登場した、果物遣いがとっても上手な三十代の女の子。151頁にはKちゃんとして出てきます。「MORIS」では喫茶もやっているので、今日子ちゃんお手製のおいしいお菓子が食べられます。

六甲に越してきてからはふたりにお世話になりっぱなし。いろいろなことを教わっています。かかりつけの歯医者さんや、テイクアウト専門のおいしいお寿司屋さん、ねぎが山盛りのったラーメンがクセになる隣町の中華屋さん。そうそう、夏にはひろみさんに教わりながら、ギンガムチェックのギャザースカートをちくちく手縫いしました。

去年（2017年）の暮れには、お好み焼きの焼き方も教わりました。「タミゼ神戸店」と題した展示即売会が「MORIS」であり、昌太郎君とみどりさんが東京からやって来て、ひろみさんの家でお好み焼きパーティーを開いたのです。

ではここで、ホットプレートを使ったひろみさんの十八番《おはこ》の前菜2種から、食べた順に料理を並べてみます。

まず、絹ごし豆腐の厚揚げを湯通しして、人数分に切り分け、ごま油でじりじりと焼いたもの。両面が香ばしく焼けたところで豆板醤としょうゆのタレにつけ、熱々を。

もう一品は、「ブロッコリーと長いもとチーズのカリカリねっとりお焼き」とでもいいましょうか。これがまたおいしくて、おかわりしたいのを我慢しました。あとには、お楽しみのお好み焼きがひかえているので。

作り方は、小房に切り分けたブロッコリーを硬めに湯がき、水けをきっておきます。オリーブオイルを薄くひいたホットプレートの上で、ブロッコリーを密集させて焼き、しばらくしたら長いものすりおろしをこんもりとのせ、溶けるチーズを軽くひとつかみ。ひと呼吸おいてひっくり返すと、ブロッコリーにちょうどいい焼き色がついていました。もうしばらく焼き、頃合いをみて裏返せば、ふんわり固まった長いもがブロッコリーをまとめ、チーズには香ばしい焼きめが！　熱々を切って取り分けました。

さて、いよいよ真打ち登場。ひろみさんのお好み焼きの生地は薄焼きで、野菜たっぷり。しかも野菜は1種類ずつ。それぞれの野菜の持ち味、肉との相性をいかしながら小さいのを何枚も焼いて、お店のように熱々をひとりひとりに食べさせてくれます。天かすやイカ天（駄菓子）は加えず、青のりや紅しょうが、マヨネーズもなし。ソースは神戸のウスターとどろソース。あとはしょうゆ、塩、レモン、柚子こしょう、七味唐辛子、粉山椒などお好みで。

用意する野菜はキャベツ、白菜、長ねぎ、菊菜、ニラ。肉は豚と牛の肩ロースで、どちらもしゃぶしゃぶ用の薄切り。あとはにぼしの粉、またはかつお節を揉んで細かくしたもの、小麦粉、卵と好みの油（ごま油、菜種油など）。

では、作り方です。まず野菜を切り、それぞれ容器に分けて入れておきます。肉は切らなくてもオーケー。生地は小麦粉に対し、水が約2倍。お玉ですくってみてさらさらと落ちるくらいによく溶いておきます。お好み焼きの生地というとつい大きなボウルで作りすぎ、残してしまいがちだけど、ひろみさんは手の平にのるくらいの片口の器で、なくなったらそのつど溶いていました。

では、焼きに入ります。

ホットプレートを熱し、油を薄くひきます。人数分（この日は5枚）の生地を丸く小さく流し（直径8センチほど、丸くならなくてもよい）、にぼしの粉をふりかけます。上から野菜を1種類、手でつかんでこんもりのせて……このとき、少しくらい生地からはみ出してしまっても気にせずに。肉ははみ出ないよう、ぐるりとカーブさせたり、手でちぎったりしながら野菜の上にのせ、上から生地をまわしかけます（接着剤の役目なので、多すぎないように）。

下の面が焼けるにつれ、ゆっくりと伝わる熱で野菜のかさが減り、しんなりしてきます。ヘラで動かしてすべるようだったら、まわりから少し油を差し、カリッと焼いてからひっくり返します。

ここで注意！ 決して上から押さえつけず、生地に挟まれた具が蒸し焼きになるようにしてください（この焼き方だと、長ねぎがとろとろになります）。そのうちじりじりといい音がし、肉の焼けるおいしそうな匂いがしてきます。

ヘラをちょっと差し込み、肉にこんがりと焼きめがついていたらひっくり返し、器に盛ってでき上がり。それぞれお好みのソースなりしょうゆなりをかけていただきます。

ひろみさんのお好み焼きは、お客さんがおいしく食べられるよう、焼いてゆく順番があるようでした。野菜の切り方&肉の組み合わせを、ひろみさんが焼いた順にまとめてみます。
①菊菜（2センチ弱のざく切り）と豚肉
※焼き上がりにみりんとしょうゆをまわしかけ、ホットプレートの上でジュージューさせ、甘すぎない照り焼き風に。
②ニラ（2センチ弱のざく切り）と豚肉
③白菜（7ミリ幅の細切り）と豚肉
④長ねぎ（1センチのぶつ切り）と豚肉
⑤キャベツ（7ミリ幅の細切り）と牛肉と卵
　しめのキャベツと牛肉では、広島風のお好み焼きのように、ホットプレートの空いたところへ卵を割り入れ、焼き上がったお好み焼きをひっくり返してのせ、肉の面に卵がかぶさるようにしていました。ひろみさんのはかなりの半熟で、フワフワのとろとろ。よく観察していたら、卵を割り入れるとすぐ、ヘラの角を黄身にチョンと入れてくずれるきっかけを作り、白身がまだ固まっていないくらいで、お好み焼きとまとめていました。牛肉と卵、いちばん濃厚なのをしめに持ってくるあたり、

食いしんぼうのひろみさんらしいです。「夏には1センチに切ったオクラと豚肉でやるんです。あと、アスパラもとてもおいしい。さっとゆがいて斜め切りです」と、焼きながら教えてくれました。

ひろみさんは中学生の頃から、寝たきりのおばあさんの介護をしていました。学校帰りに大好きなおばあさんの家に寄って、おしゃべりしたり、ごはんを作ったり。神戸ならではの薄焼きのお好み焼きをお店ではじめて食べたひろみさんは、そのおいしさが忘れられず、おばあさんのところですぐに作ったんだそうです。そうしたら、「これからは、毎回これ作ってな」と喜ばれ、それがとってもうれしくて、いろんな材料を買って帰っては工夫しながら試したんだそう。「キャベツとかしわ（鶏肉）のお好み焼きもしました。おいしかったですよ」と懐かしそうでした。

今朝の
海は、
山も
空も
境なく
ぼうぼうと
しています。

みっちゃんのケチャップチキン

絵描きの友人は小学生の頃、休みの日のお昼に、家族でよく親戚のおばあさんの家にごはんを食べに行っていたそうです。おばあさんの愛称はみっちゃん。炬燵《こたつ》の上にはいつも、広告の裏に筆ペンで書かれたお品書きが置いてあって、その中から食べたいものを選んでは注文していたのですって。

ホットケーキにハムサンド、トーストにいなり寿司、コーヒーにお抹茶。みっちゃんのお品書きはいつも少しずつ内容が変わるので、出かけるのが楽しみだったそうです。なかでも友人のいちばんの好物は、白いご飯にのせると甘辛いタレがべったりと赤くつくケチャップチキン。

うちで作って再現してくれた彼のケチャップチキン丼は、タレのからまった鶏肉がふっくらとやわらかく焼けていておどろきました。下ごしらえをしているとき、こっそり台所をのぞいてみたら、庖丁の背で鶏肉を細かくたたいていました。これもみっちゃんの直伝なのかしら。レシピは簡潔明瞭。にんにく入りの照り焼きチキンを焼いて、仕上げにケチャップをからめればいいようです。ケチャップの量はお好みですが、照り焼きの味付けの濃さによって加減してください。

そうそう、みっちゃんのおせち料理のお重には、昆布巻きやごまめ、黒豆、お煮しめ、手作りの伊達巻き、ごぼうを芯に巻いた鶏の照り焼き、海老マヨ、海老の鬼殻焼きなどのほかに、ケチャップチキンも必ず入っていたんだそうです。

【ケチャップチキン丼の作り方】2人分

1　鶏もも肉1枚（約250グラム）は6等分に切り、庖丁の背で身と皮を軽くたたきます。キャベツを適量せん切りにし、炊き立てのご飯の上に広げておきます。

2　フライパンにサラダオイル小さじ2を熱し、みじん切りのにんにく1片分を弱火で炒めます。香りが出てきたらオイルごといちど取り出しておきます。

3　2のフライパンに皮目から鶏肉を並べ入れ、脂を出しながらじりじりと中火で焼きます（焼き色はつけますが、ここで焼きすぎない方がふっくらと仕上がるそう)。

4　3の鶏肉を裏返したら酒大さじ3を加えてふたをし、弱火で蒸し焼きにします。中まで火が通ったらいちど火を止め、2のにんにくとオイルをもどし入れます。みりん大さじ1、きび砂糖小さじ1、しょうゆ大さじ1/2を加えて余熱でからめ、さらにケチャップ大さじ2強を加え、強火で煮からめます。

5　4のタレが煮詰まりすぎないくらいで火を止め、キャベツを広げた1のご飯の上にのせます。

じゃがいも入りじゃこと青じそのパスタ

パスタにじゃがいもを混ぜるのは、ギャラリー「MORIS」の今日子ちゃんに教わりました。隣街のスーパーにいっしょに買い物に行った日のお昼ごはんに、福岡のお土産のビン詰め「ふぐのコンフィ」と、オリーブオイルで和えたじゃがいも入りパスタを作ってくれたのです。

今日子ちゃんはイタリアで暮らしていたことがあります。その3年ほどのあいだ、アパートの近くに住んでいる料理上手のマンマの家で、毎日のようにごはんをよばれていたそうです。パスタとじゃがいもをとり合わせるのはイタリアでは定番で、マンマもよく作ってくれたとか。

今日子ちゃんのお気に入りはフジッリ。ねじねじ形のショートパスタにオイルやソースがよくからみます。ゆでるタイミングは、パスタが先で途中からじゃがいもを加えるのかと思いきや、沸騰したお湯に塩を加えたら、同時に入れてゆでてしまいました。イタリアでは、水のうちから鍋にじゃがいもを放り込み、沸騰したらパスタを加え、大らかにゆでることもあるのだそう。「じゃがいもが固ゆでだとおいしくないです。くずれかけのじゃがいもを、パスタにからめて食べるんです」とのこと。

じゃがいもとパスタは炭水化物どうしだから、もっさりとした味になってしまうんじゃないかと思っていた私の先入観は、食べてみてくつがえされました。フジッリのゆで加減はあくまでもアルデンテ、じゃがいもとパスタそれぞれが、おいしいオリーブオイルと塩でひき立てられ、滋味深いのです。ひろみさんがフォークの背でじゃがいもをつぶし、フジッリにからめて食べているのがイタリア人みたいで、私もすぐに真似をしました。それはそれは、ボーノ！

「ふぐのコンフィ」はふぐの身を蒸したものをほぐし、にんにくや唐辛子とオイル漬けにしてさらに蒸したものですが、私はうちにあった大きめのちりめんじゃことペンネで試してみました。

【作り方】1人分

1　じゃがいも1個の皮をむいて、3センチほどの乱切りにします（フォークの先の横幅から、はみ出すか、はみ出さないかくらいの長さが食べやすいと教わりました）。鍋に湯をわかし、沸騰したら塩を加えてじゃがいもとペンネ80グラムを同時にゆでます。ゆで時間の目安は、袋の表示より2分ほど短めに。

2　フライパンを弱火で熱し、みじん切りのにんにく小1片分をオリーブオイル大さじ2強で炒めます。香りが立ったらちりめんじゃこを軽くひとつかみ加え、じりじりと炒め合わせます。
3　じゃがいもに火が通ったら、2のフライパンにゆで汁を大さじ2ほど加え混ぜます。
4　1をざるに上げ、フライパンに加えてじゃことからめ、細切りの青じそを和えます。黒こしょうをひいてでき上がりです。
※じゃこの塩分があるので、パスタのゆで汁に加える塩だけで充分に味がまとまります。

気ぬけ雑炊

手の平にのるくらいのココット皿に、食べ残しの雑炊をとっておいたのが、あるな、あるなと、冷蔵庫を開けるたびに気になっていました。さいの目切りの大根と、小さな飴玉くらいのお麩がころころ入ったみそ味の雑炊。作るとき、冷やご飯が半端な量しかなかったので、大根とお麩でかさを増やしてみたのだけど、けっきょく途中でお腹がいっぱいになり残してしまったのです。ほんのちょっとの量ですが、ひとり暮らしはこういうささやかな残り物にけっこう助けられるのです。

小鍋にうつし、牛乳を多めに加え、塩をふたつまみ。かぶがあったので葉っぱとともに細かく刻んで入れ、ふたをしてやわらかくなるまで煮込んでから、溶き卵を半個分まわしかけました。ちょっと味が足りないような気がして、柚子こしょうと、麹がたっぷり入った甘めのみそも、器に盛ってから。

そんな、洋風とも和風ともいえない味のお腹にやさしい雑炊を、台所の簡易カウンターで海を眺めながら食べました。ラジオからは長寿番組『ひるのいこい』が、いつものように流れていました。

ちなみに、残しておいた半個分の卵は夕ごはんの納豆に混ぜていただきました。

韓国風大豆ご飯のおむすび

乾物カゴに大豆の袋があるとほっとします。肉や野菜が何もなくても、大豆さえ食べていれば大丈夫だと信じているから。ゆでたばかりの大豆は何度食べてもじんとくるおいしさだし、ゆでているときの甘くやわらかな香りをかぎながら、ゆったりした気持ちで書きものをする時間も好き。雨がしとしと降っていたりすると、もっと好き。

明日大豆をゆでようという日には、寝る前にひと袋分を大鍋にあけ、水に浸けておきます。浸けるとすぐ、水を吸いはじめた大豆が、夜の台所でかすかな音を立てます。プチプチピチピチ……小さな小さなその音に気づくようになったのは、ひとり暮らしをはじめてから。

翌朝、皮がすみずみまでぴんと張り、きれいな楕円形に膨らんでいたら、もどし汁は捨てずに（もしも水が減っていたら、豆から3センチ上くらいまで水を足してください）中火にかけます。煮立つと、クリームのように真っ白なアクが上がってくるので、一気にすくい取り、あとはごく弱火にしてコトコトコトコト。ときどき様子を見にいって、豆が顔を出していたらびっくり水（差し水）を加えます。

やわらかくゆだった熱々の大豆をスプーンですくい、まずは何もつけずにそのまま食べてみてください。ごま油をちょっとたらして粗塩をふるのも、薄口しょうゆ、ごま油、おろししょうがでいただくのもおすすめ。粗熱がとれたものに刻んだ青じそを混ぜ、ポン酢しょうゆをかけてもまたおいしい。

ゆでたての大豆をねぎと辛子しょうゆで和えるのは、石田千さんのエッセイ『箸もてば』で知りました。これは本当に、あとをひく味。ビールにも日本酒にも、もちろん白いご飯にも合います。

「大豆はおさけの親友なので、のみすけになってから欠かしたことがない。（中略）しろい大豆をゆでたら、きざんだねぎ、青のり、辛子しょうゆであえる。ねばねばしない納豆のようで、お燗によくあう。浅草のお店で覚えた」

大豆をゆでたその日、私は玉ねぎ、かぶ、にんじん、キャベツ、じゃがいもなどをごろごろと大きめに切り、ゆで汁ごとソーセージとともにポトフにすることが多いです。ひと鍋分こしらえたポトフは、鍋ごと冷蔵庫に保存して、煮返しながら、1週間くらいかけて食べ切ります。まず、できたての透き通ったスープを粒マスタードだけでシンプルに。翌日は、味がなじんだところに牛乳を足し、そのまた次の日にはみそを少しだけ加え、黒こしょうをひいたこっくり味のスープ。最後はカレールウを加えて煮込み、ご飯にかけていただきます。

近頃、うちにいらしたお客さんに好評だったのは、ゆで大豆の炊き込みご飯のおむすび。小さめににぎったものに韓国風の牛しぐれ煮をのせ、青じそと海苔でめいめい手巻き寿司のように巻いて食べるのです。

【作り方】4人分

1　米2合はといで炊飯器の内釜に入れ、酒大さじ1、塩小さじ1/2、ごま油大さじ1を加えて、いつもの水加減にします。
2　30分ほど浸水させたら、ゆで大豆1カップを広げてのせ、炊きます。
3　炊き上がったら10分ほど蒸らし、俵形の小さめのおむすびをにぎります。器に盛りつけ、牛しぐれ煮と青じそ、焼き海苔を添えます。

◎韓国風牛しぐれ煮の作り方（作りやすい量）
　牛こま切れ肉150グラムはひと口大に、しょうが1片はせん切りにします。小鍋に酒としょうゆ各大さじ2、みりん大さじ1、きび砂糖小さじ2を合わせ、スプーンで混ぜながら強火にかけます。ひと煮立ちしたら牛肉としょうがを加え、菜箸でほぐしながら煮ます。肉の色が変わってきたらコチュジャン小さじ1を加え、煮汁がなくなるまで炒りつけます。
※密封容器に入れ、冷蔵庫で1週間ほど保存できます。

オムそばめし

最近、小さなセイロを買ったので、電子レンジがなくても、いつでも冷やご飯をほかほかに温め直すことができるようになりました。ご飯を温めながら、空いたところで小松菜やかぶの葉を蒸すとおひたしも同時にでき、あとは納豆と具だくさんの豚汁でもあれば、ひとりの夕食はこれで充分。

冷やご飯は冷たいまま炒めてチャーハンにすることも多いのだけど、この頃私は、そばめしにこっています。ご飯が入ると焼きそばがもちっとした食感になって、予想外のおいしさになるのです。神戸のお好み焼き屋さんのそばめしは、まず鉄板の上でソース味の焼きそばを作り、そこに温かいご飯を加え、コテで全体に細かく切り刻むようにして炒め合わせるのだそうです。まだ、本物は食べたことがないのだけど、麺や具をはじめから細かく切っておけば、うちでもフライパンで簡単にできます。そばめしの味付けを濃いめにしておいて、塩もこしょうも何も加えない薄焼き卵で巻いて食べるのが好きです。

【作り方】大盛り1人分

1　焼きそば用の蒸し麵を袋から出し、まな板にのせて1センチ幅に切ります。豚バラ薄切り肉2枚とキャベツの葉1枚も、焼きそばと同じくらいの幅に四角く切ります。

2　フライパンにサラダオイル大さじ1を入れて強火にかけ、豚肉を広げて炒めます。肉の色が変わったら、冷やご飯を茶碗半分加え、ほぐしながら炒めます。軽く火が通ったら1の焼きそばとキャベツを加え、炒め合わせます。大さじ2の水を加えてふたをし、蒸し焼きにします。

3　水分が減ってきたら添付の粉末ソースを加えて混ぜ、さらにウスターソース適量も加えてしっかりめに味をつけます。

4　卵2個を溶きほぐして薄焼き卵を焼き、オムライスの要領で3を巻いて器に盛ります。

※その後、お好み焼き屋さんに行ってきました。オムそばめしはなかったのですが、そばめしを頼んだら、麺よりもご飯の量が断然多くて驚きました。粉がつおのだしがきいたソース味の麺入りチャーハンという、いかにもB級な本場の味で、とってもおいしかったです。

ぶっかけ冷や奴

お昼ごはんに素麺をゆでようと台所に立ちました。暑いから、ぶっかけ素麺にしようと思って。

焼きなすと、刻んだみょうが、青じそを用意したところで、冷蔵庫に絹ごし豆腐を発見。すでにお湯も沸かしはじめていたのだけど、素麺はけっきょくゆでるのをやめにしました。

深めの器にスプーンで大きくすくった豆腐と焼きなすを盛り、みょうがと青じそを天盛りに。冷たいめんつゆをまわしかけたら、風味づけにごま油をタラリのぶっかけ冷や奴。去年の夏にあみ出した、ひとり暮らしの昼食のヒットです。

山ウドのきんぴら&きんぴらとアスパラガスのフジッリ

ゴールデン・ウィークが終わってしばらくたった頃、北海道の友人夫婦が遅い春休みを兼ね、うちに泊まりにきました。富良野の丘に建てた小屋でプリンをこしらえ、販売している「エゾアムプリン製造所」のアムとカトキチです。

彼らのプリン作りは、毎朝隣村の牧場で、しぼり立ての牛乳を手に入れるところからはじまります。養鶏場のさくら卵に、もみじ卵、ビート畑のてんさい糖、カラメルソースに使うわき水まで、大自然の中で育まれた材料だけを使います。近所に住む友人ムラちゃんと3人でこしらえるプリンは、1種類だけなのだけど、がんばっても1日にそう多くはできないから、半年先までもう予約がいっぱいなんだそうです。

さて、もしかするとちょうど時季が重なるかも……と、ひそかに期待していたふたりの北海道土産は、採れ立てのアスパラガス（農家さんにいただいたものだそう）が50本ほどぎっしり詰まった箱に、山で自生しているアイヌネギをしょうゆに漬けたもの、そして山ウドでした。湿らせた新聞紙から登場した山ウドは、茎が太くて緑色。びっしりと細かい毛に覆われ、根元は紫がかっています。さすがは北海道の山の幸。葉もみずみずしく、香りも濃い。放っておいても庭に勝手に生えてきてくれる野生児みたいなこの山ウドのことを、ふたりは毎年、とても楽しみにしているんですって。

1週間ほどの共同生活では、アムもカトキチもよくごはんを作ってくれました。山ウドのきんぴらはカトキチ作。甘すぎず、しょっぱすぎず、どんぶり鉢いっぱいにできた大地の風味が香るきんぴらを、暮れゆく景色を眺めながらビールやワインのつまみに食べたのも、今ではもう懐かしい思い出です。

では、まずカトキチのきんぴらレシピから。後日メールで送ってくれた箇条書きがとっても分かりやすかったので、ここにそのまま載せてしまいます。

・酢みそ和えを作るときに出たウドの皮、細い茎、葉っぱを全部使う。皮はけっこう硬いけど、スジスジのところも使って問題ない。スジに沿って刻む。長さは適当。
・細い茎はそのまま。太いのはたてに薄切り。長さは適当。
・切ったものを酢水に15分ほど浸ける。ざるに上げる。
・フライパンを熱してごま油と鷹の爪を入れ、ウドも加える。中火でしんなりするまで、わりと長めに炒める。
・だし汁少々、みりん、しょうゆで味付け。
・最後にごまを入れる。ごまはすらないと消化しにくいらしいから、「栄養のためのすりごま」と、「食感のためのすらないごま」と両方入れている（こだわり、笑）。

残ったきんぴらで私が作った、「きんぴらとアスパラガスのフジッリ」も好評でした。作り方はいたって簡単。まず、フライパンに熱したたっぷりのオリーブオイルでにんにくを炒め、香りが出たら山ウドのきんぴらを加えてざっと炒めておきます。たっぷりの湯に塩を加えてフジッリをゆで、ゆで上がりの1分ほど前に4センチ長さ（きんぴらとだいたい同じ長さ）に切ったアスパラを加えたら、きんぴらのフライパンにゆで汁を適量加えてぐるぐると混ぜ、ゆで上げたフジッリとアスパラをからませればでき上がり。オリーブオイルを追加でまわしかけ、すりおろしたパルミジャーノもたっぷりふりかけたら、イタリアの農家のマンマが作ったようなひと皿になりました。

なすのフライ＆なすの皮の即席しば漬け

近頃、お客さんが来るたびに出して好評なのは、なすのシンプル塩炒め。皮をむいたなすを油で炒めるだけの、料理家ウー・ウェンさんのレシピです。

なすは繊維に沿って細長く切ること。強火ではなく、中火で油がなじむまでじっくり炒めること。味付けの塩は、炒め終わってから最後にふること。この3つのコツのおかげで絶妙な歯ごたえに。塩の力で甘みが引き出されたなすは、とろりとしてこたえられないおいしさだし、ほんのり緑がかった色も透き通るように美しい。

白い器にこんもりと盛りつけるたび、中国女性が纏《まと》っていそうな薄手のブラウスの生地を思い浮かべます。なすは油をよく吸うからベタッとしがちなのだけど、それほど多くない油でもくったりと炒められるのは、皮をむき取ったためかもしれない。そういうところも、「なんて理に適ったレシピだろう！」とみなで感じ入りながら、ありがたく食べています。

さて、毎年夏になると近所の「いかりスーパー」で、紫紺色《しこんいろ》の皮がパーンと張った、みずみずしいなすがバラ売りされます。京都大原の朝採りなすです。

このあいだも大きいのを買ってきました。ちょうど友人が遊びにきていたので、皮をむいて細長く切り、水に浸けてアクぬき。例によってシンプル塩炒めを作る気満々だったのだけど、そういえばつい最近食べたばかり。それで急きょ、フライにすることにしました。たまたま卵を切らしていたので、バッター液（卵と水で小麦粉を溶いたフライ衣のこと）のかわりに天ぷら粉を水でどろどろに溶いてみました。パン粉をまぶし、高温の油でカラッと揚げ、塩をふって味見をしてみたら、想像以上のおいしさ。おかしな言い方だけど、おいしい水のフライを食べているみたい。

ちょっと、カキフライの味にも似ていました。

パン粉を少なめにまぶすこと。高温の油に入れたら短時間で揚げること。揚げ色は濃くつけすぎないこと。この3つのコツで、皮をむいたなすの繊細な持ち味を守ることができるようなのです。友人は「衣がおいしい」と盛んに唸っていました。卵を使わなかったおかげで、なすの緑色が残ったのはまさにケガの功名。むいた皮は捨てずに、即席しば漬けもぜひ作ってみてください。このレシピ、フライともどもなかなかのヒットだと思います。

【作り方】

◎なすのフライ（2人分）

1　大きめのなす1本（小さければ2本）はヘタを切り落とし、皮をすっかりむきます。

2　1のなすを繊維に沿って細長く、2センチくらいの厚さになるように切り、10分ほど水にさらします。ざるに上げ、布巾で水けをよく拭き取ります。

3　天ぷら粉大さじ3と1/2を大さじ4の水で溶き、2のなすをくぐらせ、パン粉を軽くまぶします。

4　高温（180度）に熱した揚げ油に3を落とし入れ、薄いきつね色になるまでカラリと揚げ、網の上で油を切ります。

◎なすの皮の即席しば漬け（大きめのなす1本分）

1　なすの皮を斜め細切りにし、ボウルに入れます。

2　1に塩ふたつまみをまぶし、手でキュッキュッともみます。水が出てきたら流水でアクを流し、きつく絞ってボウルにもどします。

3　青じそ3枚、みょうが1個をそれぞれ細切りにして2に加えます。

4　梅干し1個の種をのぞいて庖丁で細かくたたき、3に加えます。梅酢も小さじ1/2ほど加えてください。これだけでは塩からいので、みりん小さじ1/2強を加えてよく混ぜます。すぐに食べられますが、翌日の方が紫色が美しく、味もなじんでさらにおいしくなります。

餃子の皮入り焼きそば

ある夏の日のこと。お昼に何を食べようかなと冷蔵庫を開けたら、冷やし中華の残りがありました。前の日に、北海道から採れ立てのとうもろこしが送られてきたので、ゆでて、ほぐして、せん切りきゅうりととうもろこしをたっぷりのせた冷やし中華を作ったのです。でも、ゆでたてのとうもろこしがあまりにみずみずしく、ほぐしたそばからずいぶんつまんでしまったので、途中でお腹がいっぱいになってしまい……それで、ちょっとお行儀は悪いのですが、きゅうりだけきれいに箸で選って食べ、とうもろこしと麺の半分を残しました。冷やし中華はタレが酸っぱいから、さすがにラーメンには向かないけれど、炒め直したらソース味の焼きそばにできるかなと思って。お皿を洗うときにざるに上げ、さっと水をかけてタレの味を流しておきました。

さて、フライパンを熱してソーセージとキャベツを炒め、残しておいた麺を加えてみたのですが、いかんせん量が少なすぎます。ふと思いついて、餃子の皮をきしめんのように1センチ幅に切り、フライパンの上からひらひらと加えてみました。水を少しふりかけてふたをし、皮が透き通ってきたら神戸名物「そば焼ソース」をジュッとまわして、ほぐしながら炒めました。とっさに加えた餃子の皮は、ワンタン代わりにちぎってスープに入れようと、餃子をこしらえた日に5枚だけ冷蔵庫にとっておいたもの。

そんな、残りものだらけのヘンテコ焼きそばですが、お皿に盛って青のりをふり、目玉焼きをのせたら、なかなか豪華なお昼ごはんではないですか。今頃実家の母も、残りものを工夫した昼食を、テレビの前で食べているだろうなと思いながら、私も朝ドラの再放送がはじまる時間に合わせて食べました。

だし昆布入りひじき煮

だしをとったあとの昆布が冷凍庫にたまっていたので、ひじきを煮るときに、油揚げといっしょに細く切って加えてみました。干ししいたけのもどし汁と酒、みりん、きび砂糖、しょうゆであっさり目の味付けに。それが思いがけず、切り昆布の煮物との中間みたいになって、とてもおいしかったのです。薄味なのでたっぷり食べられるのもいいところ。昆布からもいいだしが出たのかもしれません。コツは、昆布も油揚げもひじきと同じくらいに細く切ることくらいでしょうか。こんな常備菜がひとつでも冷蔵庫にあると、ごはんの時間が楽しみになります。

その日の晩の献立は、かぶとかぶの葉の鍋蒸し煮、簡単ひとり鍋（しゃぶしゃぶ用の豚肩肉、豆腐、えのき、ポン酢しょうゆ、大根おろし、七味唐辛子）、だし昆布入りひじき煮と、炊き立てのご飯でした。

神戸に越してきたばかりの頃には、「ひとり鍋」なんてなんとなくもの哀しいような、侘しいような感じがしていやだなと思っていたのに、去年（２０１７年）の冬頃からちょくちょくやるようになったのです。カセットコンロに鍋をのせ、具を加えながら食べるのではなく、しゃぶしゃぶ用の肉でも野菜でも何でも、台所ですっかり火を通してから鍋ごとを食卓に運んで食べる。そうすると、なぜだかそんなに侘しくは感じません。どうしてでしょう。

そういえば素麵やお蕎麦も、ざるに上げたのをおつゆにつけてすするのはちょっと気おくれしてしまうのだけど、ぶっかけにするとなんでもないのです。食べ残した料理をほんの少しでも小皿にとっておき、利用するのだって、東京で夫と暮らしていた頃には考えられないことでした。なんだか貧乏くさい感じがして。

神戸での生活ももうじき2年半。ひとり暮らしの知恵から生まれた料理が、日々を過ごしているうちに体に入り、血や肉になって、頼りなかった私の心もいつしか体の方に追いついてきたのかもしれません。

ところでこのひじき煮、ごまをたっぷり加えて納豆に混ぜるのもおすすめ。ねぎよりも青じそが合うようです。

お揚げさんとズッキーニの炊いたん

油揚げを甘辛く煮たものも、ひとりになってからよく作ります。

ひと袋に2枚入っているのを買ってきて、1/2枚はみそ汁用にとっておき、残りをまとめて煮ます。甘みはみりんに頼って、砂糖はちょっと。関西風の味付けなので、「お揚げさん」と呼びたくなるような心休まるおかずです。きつねうどんにもぴったりな味。

作り方はとても簡単。

油揚げを平らに並べられるくらいの鍋に煮汁を張って、煮立てたら、油ぬきした（味の染み方が格段にちがうので、めんどうでも必ずしています）油揚げを広げて煮ます。鍋の空いたところでともに煮る添え物は、絹サヤやサトウサヤなどいつもは味が染みやすい緑の野菜を選ぶのだけど、使いかけのズッキーニがあったので、何事も実験だと思い、試してみることにしました。

できたてを味見すると、ズッキーニが西洋野菜だったことを忘れてしまいそうな、堂々とした和のお味。うりの仲間だからか冬瓜やへちまにも似て、とろりとやわらかく、京都のおばん菜のようです。

後日、ズッキーニをかぶに代えてまた作ってみました。硬そうなところだけ皮をむき、茎を少し残して8等分のくし形に切ったものを4切れ（あとの4切れはおみそ汁の具に）。

かぶもまた、とってもおいしかったです。どうして今までやらなかったんだろうというくらいに。そして、油揚げは煮汁の味がこっくりと染みるのに対し、ズッキーニもかぶも、だしのうまみだけを吸ったような、奥ゆかしい味になるのが不思議。

このお揚げさんを細かく刻み、いり卵といんげんのごま和えをご飯の上に彩りよくのせ、3色弁当にするのもおすすめです。彩りの紅ショウガも忘れずに。たらこや明太子も合います。

【作り方】作りやすい分量

1　油揚げは1枚を横半分に、さらにそれを三角形に切ります。残りの1/2枚も同様に。ズッキーニは縞々に皮をむいて、2センチ厚さの半月切りにしたものを6切れ用意します。

2　鍋に湯を沸かして1の油揚げを入れ、浮き上がってくるのを菜箸で軽く押さえながら1分ほどゆがいたら、ざるに上げておきます。湯の量は油揚げがかぶるくらい。多すぎるとせっかくのうまみがぬけてしまいます。

3　鍋にだし汁150ミリリットル、酒とみりん各大さじ1、きび砂糖小さじ1/2、薄口しょうゆ小さじ2を合わせて強火にかけます。煮立ったら弱火にし、2の油揚げを手の平で軽く押さえて水けを絞り、鍋に広げます。油揚げを脇にちょっと寄せ、空いたところにズッキーニを並べ、落としぶたをしてコトコト煮ます。煮汁がほとんどなくなって油揚げに味が染み、ズッキーニもやわらかく煮えたらでき上がりです。

※容器にうつし、冷蔵庫で1週間ほど保存できます。

鍋焼き黄金ポテト

北海道の友人夫婦（山ウドのきんぴらを教えてくれた「エゾアムプリン製造所」のアムとカトキチです）から、小粒のじゃがいもがたくさん送られてきました。近所の農家さんにいただいたもので、おすそわけだそうです。手紙には、ダンボール箱の中身がわかる断面図も書いてありました。いちばん上は、皮が赤くて実の白い「ベニアカリ」、その下は「キタアカリ」、左脇にたてに詰まっているのは、赤い皮で実が黄色い「レッドムーン」、いちばん下は「名前わからず」。

それからというもの、私は風通しのいい玄関先にダンボール箱を置き、その日の気分でいろいろなじゃがいもを取り合わせては、泥を洗い流し、皮ごと蒸しています。セイロのふたを開けるとき、ふわーっと上がる湯気の向こうの小粒じゃがいもは、房からはずした色とりどりの葡萄みたい。

もう15年近く前になるでしょうか。じゃがいもが大好物の私は、『じゃがいも料理』という本を作るときに、フランスのノワールムティエ島に行ってきました。西部のナントからほど近い、じゃがいもと塩が特産の小さな島です。到着したのがちょうどシエスタ（お昼寝）の時間で、オレンジ色の屋根に白壁のかわいらしい家々は、スカイブルーの鎧戸がどこも閉まっており、道を歩いている人も見当たらず、ぽっかりと陽の当たるのどかな通りを車で走った思い出があります。

収穫したじゃがいもを箱詰めする工場長のお宅で、奥さんから新じゃがいもの料理を教わったのも懐かしい思い出です。なかでも、塩ゆでの食べ方は目からウロコでした。畑にこぼれ落ちているような、親指の先ほどの小さな小さな新じゃがに粗塩をまぶし、かぶるくらいの湯でぐらぐらとゆでるだけなのだけど、ゆでたてを半分に切った熱々のじゃがいもに、ノワールムティエ島特産の、塩の結晶が残るバターを小さく切って挟むのです。もう1品教わったのは、ゴルフボールくらいの皮ごとの新じゃがを半分に切り、泡立つバターをからませながら、フライパンで時間をたっぷりかけて香ばしい焼き色をつけた、リソレ。

2種類の新じゃがを白いお皿に盛り合わせ、ちゃんとしたディナーみたいにナイフとフォークでいただくのも素敵でした。カシスリキュールの上からシャンパンを注いだ食前酒や、おいしい赤ワインをご主人が何本も出してくださったっけ。

ではここで、お客さんが来たときにうちでよくこしらえる、小粒じゃがいものレシピをひとつ。レッドムーンやインカのめざめ、キタアカリなどの黄色っぽい品種で作ると、焼き上がりが本当に黄金色になります。

【作り方】2人分

1　小粒じゃがいも5、6個は皮をむき、10分ほど水にさらします。ざるに上げて鍋に入れ、かぶるくらいの水と塩ひとつまみを加え、強火にかけます。

2　水面がぐらっときたらゆっくりと十数え、じゃがいもの表面が透き通っているようだったらざるに上げます。

3　オーブンに入れられる厚手の鍋（ホウロウまたは鉄製）にバター10グラムと、下ゆでした2のじゃがいもを入れ、弱火にかけます。鍋を揺すってバターをからませ、220度に熱しておいたオーブンにふたをせずに入れ、黄金色の焼きめがつくまで、ときどき転がしながら20〜30分焼きます。
※このままでもおいしいけれど、白いお皿に平らに盛り、ペコリーノチーズを雪のようにたっぷりすり下ろすのもおすすめ。カリッと焼けたじゃがいもの表面はとても熱いので、ヤケドしないようゆっくり食べてください。

豆苗のにんにく炒め

ひとり暮らしをはじめてから、豆苗をよく買うようになりました。ビタミンが豊富で栄養的にも優秀なうえ、天候の影響でほかの野菜が高値のときにも、豆苗だけはいつも百円台。使い終わった根元は水を替えながら日向に置いておくと、元気な芽がまた出てきて、育った葉と茎が食べられます。

きのうよりも今日、今日よりも明日と、太陽に向かってスックスックと育っていく緑。私はいつも、黄土色の瀬戸の片口に水を張り、その様子を楽しんでいます。毎日水の量は、根っこの先が浸かるくらい。多すぎると根腐れしてしまいます。毎日水を取り替えるのも忘れずに。

買ってきてすぐの豆苗は、塩味だけのにんにく炒めにして食べるのがいちばん好きです。これは、東京の東中野にある中華屋さんの豆苗炒めがお手本。歯ごたえが身上なので、炒めすぎずシャキッシャキに仕上げます。水栽培の豆苗は、若い芽を摘んでみそ汁の青味にしたり、セイロでさっと蒸しておひたしにしたりと、気ままに使っています。

そういえば先日、豆苗の水栽培を目にした編集者が「私はこれまで、お肉が入っているようなスーパーのプラスチック・トレーで育ててました。こんど豆苗を買ったら、しまい込んであるとっておきの片口でやってみます」と力を込めておっしゃっていて、可笑しかったです。

【作り方】2人分
1　豆苗1パックは根元を切り落とし、4センチ長さに切ります。にんにく1片は芯を取りのぞいて薄切りに。

2　フライパンにごま油大さじ1をひき、油が冷たいうちににんにくを加えて強火で炒めます（フライパンを傾け、油の池を作ると炒めやすいです）。
3　にんにくの縁がカリッとしてきたら、ここで塩をふたつまみ。油の方に味をつけておきます。すかさず1の豆苗を加えて手早く炒め合わせ、軽くしんなりしたくらいで黒こしょうをふり、器に盛ります。

セイロ蒸し野菜3種

半年ほど前、三宮の商店街にぽつんとある古い金物屋さんで、直径18センチの竹のセイロを買いました。店主のおばあさんはお会計のとき、「何でも、ホカホカにできていいですね」と微笑みながら、包装紙にていねいに包んでくれました。

あれからセイロは、ひとり暮らしの私の台所で大活躍。電子レンジがないので、冷やご飯を温めたり、前の日のおかずを温め直したりと、ほとんど毎日使っています。

ラップに包んだご飯を温めている脇で、ざくざく切った小松菜や、くし形に切ったかぶを蒸したりもします。小松菜を蒸すのはほんの15秒ほど。小鉢に盛ってごま油と薄口しょうゆをかけ、簡単なおひたしに。かぶの蒸し時間は1、2分でしょうか。扇状に器に並べ、自家製マヨネーズをちょこんとのせて、しょうゆをひとたらし。

ゆでうどんが半玉しかなかった日には、それだけでは足りないからと、冷たいおにぎりをセイロで蒸しました。おにぎりの隣では、冷蔵庫の隅にあった白菜をそぎ切りにして蒸しました。

その日の晩ごはんのメモが残っています。

「うどん（半玉分）、しょうがの佃煮のおにぎり（冷蔵庫にあったのをセイロでホカホカに蒸した）、蒸し白菜（おにぎりの隣で蒸した。ポン酢しょうゆ、菜種油、七味唐辛子。これはおいしい！）」。

おにぎりも白菜も、食卓で白い湯気がホカホカと上がっていたのを思い出します。

寝る前に
ケストナーの
『飛ぶ教室』を
読んでいたら、
お菓子が
食べたくなって
困りました。

闇タコ焼き

去年の暮れに東京に行ったとき、タコ焼きパーティーをしました。カセットボンベを使うタイプの新式のタコ焼き器が、友人の家にあったのです。具はタコにこだわらず、入れたいものを入れると楽しいというので、合いそうなものを別の友人とスーパーに探しに行きました。

基本の材料は、タコ焼き用ミックス粉、卵、天かす、青ねぎ、青のり、かつお節。肝心のゆでダコがちょっと高めだったので、仕方なくいちばん小さいパックのものを。あとは、プロセスチーズとウィンナー。チーズに合わせるとおいしそうなので、ミニトマトも。

友人はお総菜売り場で焼き鳥を物色していました。おつまみに食べるのかと思ったら、焼き鳥もころころに切って、タコ焼きに入れるのだそうです。タレがいいのか塩がいいのかさんざん迷ったあげく、けっきょく焼き鳥はやめ、タンドリーチキンとエビチリ、ごぼうの唐揚げピリ辛甘ダレを選びました。「鶏の唐揚げもおいしそうだけど、やめとこう」と、つぶやきながら。

私は最初、そんなに味のしっかりついたお総菜がタコ焼きに合うはずはない……と疑っていました。タコ以外だったら生のエビかホタテ、あるいはちくわやチーカマあたりが無難なんじゃないかと。

ところが、そのお総菜入りのタコ焼きが、予想外のおいしさだったのです。

いつものタコ焼き同様、オタフクソースにマヨネーズをちょっと、青のりとかつお節をかけて食べるのですが、エスニックな香りがそこはかとなく漂い、いろんな味わいがあって飽きません。王道のタコに当たると、ちょっとがっかりする始末。

しかも、タコ焼き器に生地を流し、天かすと青ねぎを全体に散らして具をランダムに入れると、焼き上がった頃には、焼いている本人も、待っている私たちも、どこに何が入っているのか分からなくなります。いうなれば、闇タコ焼きです。

メンバーは4人。はみだした具の様子や、香ばしく焼けた色具合を見てもなかなか当てられず、「エビチリだ！」「ごぼうだ！」と、当てっこしながら熱々を頬張りました。口に入れたときの驚きもまた、おいしさのひとつなのですね。
ではここで、タコ焼き器の持ち主の友人に教わった秘伝の生地の作り方です。卵をたっぷりめにすると、まわりはカリッと香ばしいのに、中はとろんとろんでふわふわに焼けます。

【作り方】４人分
１　ボウルに卵３個を割り入れ、よく溶きほぐしたら、水５００ミリリットルを加えて混ぜます。
２　たこ焼き用ミックス粉１００グラムを加え、泡立器でよく混ぜます。
※タコ焼きがひっくり返せるぎりぎりのやわらかさの生地なので、焼きにくいようでしたら、粉を適量加えてみてください。

ソースオムライス&ミートソースのナポリタン

絵本を制作中のある日、絵描きの友人とお昼ごはんを合作しました。しばらく買い物に出ていなかったので、冷蔵庫にあるものをいろいろ工夫して。

これは冷やご飯がひとり分、スパゲティも半端な量しかなかったことで生まれた、B級グルメの盛り合わせメニューです。

では、友人が作ったソース味のオムライスのレシピから。

まず、パセリ2、3本を茎ごと細かく刻んでおきます。サラダオイルで冷やご飯をほぐしながら炒め、冷蔵庫にほんの少し残っていた鶏そぼろを加えて、さらに炒めます。ご飯がふんわりしてきたら、串カツをしたときのソースを大さじ2ほどふりかけ、薄目に味を付けて、最後にパセリを加え、ざっと合わせます。

ちなみにこの串カツのソースは、ウスターソース2種に、「そば焼ソース」を混ぜ合わせ、鉢に入れたまま室温に置いていたもの。神戸では、揚げたての串カツをソースの鉢に直接浸して食べるので、フライ衣のカスもいい具合に混ざって、ソースにうっすらとろみが出ていました。

あとは、卵2個で薄焼き卵を2枚焼き、炒めたご飯を包んで、さらに串カツのソースをかければ完成。

このソースオムライスが、洋食屋さんの変わり種メニューで出せそうなほど、とってもおいしかったのです。

鶏肉代わりの甘辛い鶏そぼろは、しょうがのきいた和風の味付けなのに、たっぷりめに加えたパセリが、うまいことソースとの橋渡しになっていました。このオムライスを食べたいがために、わざわざ鶏そぼろから作ってもいいくらい。

レシピの鶏そぼろをこしらえたら、ソースオムライスのために、ぜひ少し残しておいてください。

私が作ったのは、半端に残っていたミートソースにケチャップを加えて炒めた、ナポリタン風のスパゲティ。いんげんがあったので、ゆでていっしょに炒め彩りに。適当すぎて恥ずかしいのですが、ソースオムライスのつけ合わせとしてはなかなかでした。

そういえば昔、中野の「カルマ」というレストランで働いていた頃、朝方までやっている近所の喫茶店で、不思議な組み合わせの料理を食べました。たしか、スパゲティ・ナポリタン、春巻き、ピザ、フライドポテト、ポテトサラダの5種類が立体的に、それは見事にひと皿に盛り合わせてあった記憶があります。

では最後に、鶏そぼろとミートソースのレシピです。どちらも冷蔵庫で10日ほど保存できるので、いろいろに活用してみてください。


【作り方】
◎鶏そぼろ（作りやすい分量）
1　小鍋に酒大さじ3、きび砂糖大さじ1と1/2、みりんとしょうゆ各大さじ2を合わせ、スプーンで混ぜながら強火にかけます。
2　煮立ったら鶏ひき肉（脂が多めのもも肉がおすすめ）200グラムをいちどに加え、菜箸でほぐしながら煮ます。

3　鍋を傾け、出てきたアクをすくい取りながら、強火のまま煮汁を吸わせ、しっとりと仕上げます。

4　煮汁が減ってきたら、おろししょうが1片分を加え、強火でほろほろに炒りつけます。

◎ミートソース（作りやすい分量）

1　玉ねぎ1個とにんにく1片はみじん切りに、トマトの水煮1缶はボウルにあけ、手でつぶしておきます。

2　冷たいフライパンに、サラダオイル小さじ1とにんにくを入れ、香りが出るまで中火で炒めます。バター10グラムを加え、バターが溶けはじめたら玉ねぎを加えて、甘みが出るまでよく炒め合わせます。

3　2のフライパンに合いびき肉150グラムを加え、ポロポロになるまで炒めたら、塩少々と、黒こしょう、ナツメグをそれぞれ適量ふります。とろみづけの薄力粉大さじ1を加え混ぜ、ざっと炒め合わせます。

4　3にトマトの水煮とトマトペースト大さじ1、刻んだ固形スープの素1個（約4グラム）、ローリエ1枚を加え、木べらでときどき混ぜながら弱火で煮ます。

5　とろみがついてきたら、隠し味のトマトケチャップ大さじ1と、しょうゆ大さじ1/2を加え、なじむまでもうしばらく煮ます。香りづけにバター10グラムを加え混ぜ、好みでオレガノかバジルをふります。

ひろみさんのピェンロー＆冬を惜しむ鍋

神戸に越してきてからはじめて食べたお鍋の話をふたつ。どちらも、材料、調味料ともに少なく、作り方も簡単。だしやスープに具を加え、煮えばなをいただく鍋ものとはちょっと趣が異なりますが、土鍋にまかせておけばいいだけなのに、こんなにおいしくなるのか！　という驚きの味なのです。

まず、ピェンローというのは、干ししいたけのだしで白菜を煮込んだ中国風のお鍋です。とにかく白菜がたっぷりで、それ以外の具は、豚肉、鶏肉、春雨のみ。お鍋に加える調味料もごま油だけで、いっさい味をつけません。

タレといえるかどうか分からないのだけれど……それぞれが自分のお椀に、白菜やお肉から出たエキスのようなスープを取り、塩と一味唐辛子で濃いめに味をつけ、好きなだけ具をよそって食べます。

ギャラリー「MORIS」のひろみさんは、もう何年も前からこのピェンローを家族のために作ってきました。舞台美術家の妹尾河童《せのおかっぱ》さんのレシピがもとになっているそうですが、くり返し作るうち、ひろみさんならではの工夫が加わりました。

私がピェンローをご馳走になったのは、今日子ちゃんにエプロンを借りる約束をしていた日でした。ほんとうをいうと私は、用事がすんだらすぐに帰るつもりだったのです。

夕暮れがはじまったばかりの時刻、「MORIS」の扉を開けると、干ししいたけのたまらなくいい香りがしました。トントントンと、白菜を刻む小気味よい音も聞こえてきます。窓から見える、ちょっと切ないような茜色の空。上京したての十代の頃、このくらいの時間になると私は、いつでもうら淋しくて、料理上手の義姉のところによく夕飯をよばれにいっていたっけ。

「今日は、ピェンローを作ります。なおみさんも食べてらっしゃるでしょう？」

と、キッチンから現れたひろみさんに、満面の笑みで誘われてしまったら、もうお断りなどできません。

ひろみさんのピェンローは白菜がとろっとろで、なんともいえないコクがありました。お肉がやわらかく、スープを吸った春雨もツルッとして、けっきょく、何杯もおかわりをしてしまいました。

では、直伝のレシピをお伝えする前に、ひろみさんからの大事なポイントを。

「仕上げのごま油は出す直前に、ケチらず、たっぷりと。ぐつぐついっているお鍋を運んで、みんなの前で、ふわーっとふたを開けるんです」

もうひとつ、最後に加える春雨は、土鍋の隅ではなく、白菜をおおい隠すように広げてください。ひろみさんがふたを開けたとき、「なんて美しく潔い鍋なんだろう!」と、私はため息がもれました。湯気に包まれたつややかな春雨が、とろりと煮えた白菜やお肉を寒天のように透かせていたのです。薬味は一味唐辛子のほか、花椒や黒こしょう、柚子こしょうもおすすめだそうです。

もうひとつのお鍋は、3月のはじめの肌寒い日に、絵描きの友人が作ってくれました。「冬を惜しむ鍋」という名前をつけたのも彼。けれどこのお鍋の本当の名は「ひとり鍋」。彼のお母さんが、毎年冬になると何度もこしらえるもので、鍋焼きうどんをするような小さなお鍋にひとつずつ、家族分を用意するからだそうです。

白菜は水けが多いから必ず入れるけれど、以前はご近所の畑からいただいたほうれん草や、菊菜やしいたけ、豆腐など、あるものでやっていたそう。最近は、ブロッコリーと豚肉の組み合わせが気に入っているのだとか。

「お腹がもたれたり、疲れているときによく作ってくれます。僕の家ではみんな、鍋に直接ポン酢をかけて食べるんです。『ひとり鍋』と、あとはご飯があれば充分。洗いものも少なくてすみます」

友人が作るところを見ていたら、だしはもちろん、お酒も水も塩もまったく加えていません。野菜から水分が出るから、ぜったいに焦げつかないそうです。土鍋って、モロッコのタジン鍋に似ているのかも？

鍋の力だけで蒸された野菜は濃い味がして、みずみずしく、ソーセージも豚肉もプリップリ。ブロッコリーとトマトは色鮮やかで、白ワインにもぴったりで。ポン酢をかけるのがもったいなく、粗塩だけで食べていた私は、「春を待つ鍋」と命名したくなりました。

【作り方】

◎ひろみさんのピェンロー（4人分）

1　どんこの肉厚干ししいたけ5個は、800ミリリットルの水に浸け（白菜からおいしい水分が出るので少なめにしているのだそう）、半日かけてもどします。ふっくらともどったら石突きを切り落とし、かさは5ミリ幅の薄切り、軸はたてに薄く切ります。

2　豚肉はバラとロースと肩ロースのしゃぶしゃぶ用を3種類、合わせて400グラム用意し、それぞれ5センチ幅に切ります。鶏もも肉1枚は、硬くなりやすいので小さめに切ります。

3　白菜は小ぶりのものを丸々1個。葉をばらばらにし、繊維に沿ってたてに切ります（妹尾さんのレシピではザク切り）。切り方は、まず1枚を横3つに切り、白いところは1センチ幅の棒状に。まん中はそれより少し太め、葉先のやわらかいところはさらに太めにざくざくと。

4　土鍋に1の干ししいたけともどし汁を入れ、強火にかけます。すぐに白菜の白いところだけドサッと入れ、ごま油をスルッと、少なめにかけます。

5　4が煮立ったら、豚肉と鶏肉の一部を広げながら点々と並べ、残りの白菜を適量のせます。同じようにして肉、白菜と2、3回重ね、山盛りの白菜の上からふたをします。そのまま弱火でコトコトと40〜50分、白菜がとろっとするまで煮ます。白菜から驚くほど水分が出てくるので、煮汁が溢れそうになったら取り分けておいてください。

6　白菜が煮え上がる頃、別の鍋にお湯を沸かし、煮立ったら春雨（ひろみさんのおすすめは、じゃがいものでん粉でできた国産の太めのもの）を1袋（100グラム）入れ、弱火で5分ほど、透き通るまでゆでます。ざるに上げて流水でぬめりを取り、充分に煮えた5の白菜の上に、広げてのせます。

7　春雨が煮汁をほどよく吸ったら火を止め、香りのいいごま油をたっぷりまわしかけます。

※ひろみさんの土鍋は直径27センチ、深さ10・5センチ。土鍋の大きさによって、

干ししいたけのもどし汁や白菜の量が変わってくるので、加減してください。

◎冬を惜しむ鍋（2人分）

1　白菜1/8個は5センチ幅のざく切り、ブロッコリー小1個は小房に分けます。トマト1個は輪切り、豚肉はしょうが焼き用のももを6枚、脂がほどよくついた、ちょっと厚めのいいところを切らずに用意します。

2　白菜をたてに立たせ、土鍋の端から並べていきます。空いたところにブロッコリー、粗挽きソーセージ2本、トマトを入れ、最後に豚肉を挟み込みます。豚肉は、ところどころ野菜にかぶせるようにして。

3　2にふたをし、ごく弱火にかけて放っておきます。途中、鍋のまわりからぐるりと菜箸を入れ、蒸気がうまくまわっているか様子をみます。具をひっくり返すというより、素材同士のあいだに空気を入れるような感じで。白菜が少しだけしんなりし、豚肉とブロッコリーに火が通ったら、でき上がりです。

続・ピェンロー

しつこくてごめんなさい。また、ピェンローです。

その後、ひろみさんから教わったレシピで作ってみて、どうしてもお伝えしたいことが出てきました。失敗（というほどではないけれど）したことで気づいた、ピェンローのおいしさについての話です。

まず、ひろみさんの土鍋は直径27センチ、深さ10・5センチのたっぷりとしたサイズ。私が持っているのは、それよりひとまわり小さめで、直径25センチ、深さが9センチ。そのため、干ししいたけをもどす水は800から600ミリリットルに減らしました。煮汁が少なくてちょっと心配になるかもしれませんが、煮ているうちに白菜から驚くほど水分が出てきます。

詳しいレシピは前に載せたので、ここでは手順のみを簡単に記すことにします。食材の分量も、私の土鍋に合わせたものです。

まず、充分にもどしてから薄切りにした干ししいたけ4個と、もどし汁を土鍋に入れ、白菜1/2個（繊維に沿って、たてに幅約1センチ、長さ7センチの棒切り）の白い部分を加えて、ごま油を少しまわしかけます。ふたをして強火にかけ、ひと煮立ちしたら、5センチ幅に切った豚肉（しゃぶしゃぶ用。バラ、ロース、肩ロースの3種類）と、小さめに切った鶏もも肉（豚肉と合わせて300グラムほど）の一部を散らし、残りの白菜を適量のせます。同じようにして肉、白菜と2、3回重ね、山盛りの白菜の上からふたをします。そのまま弱火でコトコトと40～50分ほど、白菜がとろっとするまで煮ていきます。

白菜が煮上がる頃、春雨（じゃがいものでん粉でできた国産の太めのものがおすすめ）を70グラムゆで、ざるに上げて流水でぬめりを取り、白菜の上に広げてのせます。春雨が煮汁をほどよく吸ったら火を止め、香りのいいごま油をたっぷりとまわしかけます。

これがひろみさんから教わったレシピ。

ひろみさんは、どの段階でもアクをすくわず、ふたをしたままひたすら弱火で煮込んでいました。ところが私はいつものクセで、干ししいたけともどし汁だけ先に煮立て、しっかりアクをすくったところに、白菜の白いところと肉類を加えてしまいました。たまたま乾物入れにあった干ししいたけが、少し古いものだったため、自然とそうなったのです。

でき上がった私のピェンローもおいしかったのだけど、ひろみさんのものに比べ、ちょっとあっさりめの味でした。それで気づいたわけですが、「アクをすくわないこと！」これが、ピェンローにコクを出す大事なポイントなのだと思うのです。

それからもうひとつ。干ししいたけがこのお鍋の味の決め手なので、肉厚で大きな、少しばかり上等などんこしいたけを使うことをおすすめします。

さて、ひとり暮らしの私にとっては、たっぷり残ったピェンローをどうやって食べるかも課題でした。翌日はまず、土鍋ごと温め直して食べました。おだしがほどよく煮詰まり、白菜もとろっとろ。作ってすぐよりも濃厚でおいしかったです。

あとの残りは冷蔵庫に保存しておき、牛乳を加えてスープにしたり、カレーにしたり。ふと思いついて、鶏ガラスープの素ひとつまみと塩を加え、片栗粉でとろみをつけて、春巻きの具にもしてみました。これが大正解のおいしさ。以前、ウーロン茶のコマーシャルの料理監修の仕事で、上海のおばあさんに手ほどきを受けたことがあるのですが、そのときに食べた、白菜たっぷりの春巻きの味にそっくりなのができました。

今、これを書いていても、ピェンローの味が恋しく、食べたくなってきます。ひろみさんのお家では、冬になるたび何度となく作っているというのに、元日の夜にも必ずピェンローをすると聞きました。座卓を出してきて、テレビを見ながら家族で鍋をつつくのが、毎年の恒例なのだそうです。

みずみずしい白菜が出まわる季節になったら、私のようなひとり暮らしの方も、ぜひ、臆せずに作ってみてください。

ころころおつまみ

神戸に来てから仲良くなった絵本作家の友人は、小学校の図工の先生をしています。いっしょに絵本作りをしていた去年の夏、週末になると、打ち合わせがてらよくうちに遊びに来てくれました。

そういうとき彼女はいつも、その日に合ったおいしい何かを、駅前のスーパーで選んで買ってきてくれます。はじめていらした日は、たしか水なすのぬか漬けでした。

「こうすると、おいしいみたいです」と言って、手でざっくりとたてに裂いたのを、器にこんもり。紫がかった濃紺の皮はぴかぴかで、青味を帯びたクリーム色の果肉もみずみずしく、練り辛子をちょんとつけ、ビールを片手に手づかみでもりもり食べました。

彼女といっしょに台所に立ち、呑みながら料理をこしらえたり、洗い物を手伝ってもらったりするのが楽しく、ときには買い物をリクエストしてしまうこともあります。

「炭酸水を1本お願いします。呑みかけの白ワインがあるので、スプリッツァーにしたら軽めだし、おいしいかも」というメールを送った日には、オリーブの詰め合わせ（緑色の濃いのと薄いの、黒、尖った形のものなどがいろいろ入っていました）に、ひと口サイズの丸いモッツァレラチーズ、楕円形のミニトマト、真空パックの甘栗を買ってきてくれました。「スプリッツァーだったら、今日はなんか、ころころかも……と思って」と笑いながら。

色も味も歯ごたえもとりどりな、小さくて丸っこいおつまみを、白い楕円のお皿に私はころころと盛りつけました。チーズとトマトにはオリーブオイルと粗塩を。

昼下がり、海を眺めながら窓辺で乾杯すると、ワイングラスの中でも小さな玉がぴちぴちと泡立ち、転がっていました。

しばらく呑んでから、まだ残っているモッツァレラチーズとミニトマトを半分に切り、耐熱皿に交互に並べてみました。玉ねぎの薄切りを散らしてオリーブオイルをまわしかけ、チーズが溶けるまでオーブンへ。女同士の飲み会は、同じ食材が続いたって気にしないのです。

アボカドやっこチャイナ

うちにお客さんがいらっしゃったときの、近頃の大ヒットおつまみは、アボカドやっこチャイナ。簡単なので、急なお客さんのときにもビールを片手にささっと作れます。

材料は2人分で、アボカド半個に絹ごし豆腐1/4丁。乱切りしたのを器に入れ、手でざっくりと合わせたら、中華風のタレをかけるだけ。これ、なぜかピータン豆腐の味がするのです。

豆腐は木綿よりも絹ごしがおすすめです。アボカドを先に器に盛り、大まかにくずした豆腐を、こんもりと手づかみでのせることもあります。その場合は、ちょっと深めの鉢に山高に盛るとさまになります。

タレはオイスターソース小さじ1、しょうゆ小さじ1と1/2、ごま油小さじ1、粗びき黒こしょうを小皿に合わせ、よく混ぜ合わせて作ります。

アボカドやっこチャイナをうちで食べた方たちは、みなさんタレの分量だけメモして帰り、家でもよく作っているみたいです。もとはといえば、たまたまうちの冷蔵庫にあった食べ残しのアボカドと豆腐から生まれたレシピなのだけど、私の知らない台所で新しく再現され、誰かのお腹に入る。そういうのがいちばんうれしいです。

アボカドやっこチャイナには、たいしたコツはないのだけれど、どうしてもゆずれないポイントがあります。それは、ちょうどいい熟し具合のアボカドを手に入れること。これが案外むずかしい。

皮をはがすと同時に、みずみずしい緑色がパカッと現れ、クリーム色の果肉は冷やしたバターのようになめらかで、口に入れた途端、ねっとりとろけ出す……というのが最高のアボカド。けれど、いくら指で触って確かめながら選んでも、いざ食べようとして皮をむくと、硬すぎたり、熟しすぎて緑色のところが黒ずんでいたりと、私も何度か残念な思いをしてきました。

それで、アボカドが大好きな「MORIS」の今日子ちゃんに、選び方のコツを聞いてみました。すると、「なおみさん、それは簡単。ちょっと値は張りますが、いかりさんで買うことです」と即答されました。

いかりさんというのは、船の錨マークが目印の「いかりスーパー」のこと。東京の「紀ノ國屋」さんをもうちょっと庶民的にしたようなスーパーで、近畿地方のあちこちに点在しています。私が住んでいる六甲にも、駅の近くに小さな店舗があるので、今日子ちゃんに教わってからは、必ずいかりさんで買うようになりました。もしかすると「いかりスーパー」には、アボカド好きな従業員が多く、食べ頃のものしか店頭に並べない決まりにでもなっているのでしょうか。

そういえば、十年ほど前に映画の撮影で行ったハワイ島のアボカドは、日本のものよりもひとまわり大きく、とっても濃厚な味でした。卵の黄身のようになめらかで、食べ終わってからも余韻が口に広がり、いつまでも消えないのです。塩もしょうゆも何もつけなくても、充分においしかった。思い出してみるとハワイ島のアボカドも、どこで買ってもちょうどいい熟れ具合のものしか置いていなかった記憶があります。

さて、アボカドやっこチャイナを作った残りのアボカドは、果肉が空気に触れないようぴっちりとラップをして冷蔵庫に保存しておき、ご飯にのせて食べています。ほわほわの釜揚げしらすを上からたっぷり散らし、わさびじょうゆでもいいし、わさびのかわりに大根おろしをのせてもいい。海苔を香ばしく炙ってのせたら、なおおいしい。

最後に、これは個人的な好みなのですが、アボカドやっこチャイナには、絹ごしのなかでもとくに、とろりとなめらかな舌触りの豆腐が合うと思います。最近は、いろいろな種類のものが出まわっているので、ぜひ食べ比べてみてください。

ブリのごまヅケ

お客さんに人気の簡単おつまみを、もうひとつ。見た目も味も斬新な、炒りごまとみょうがまみれのブリのヅケです。

たっぷり刻んだみょうがは、まな板の上で2、3回、指先でつまむようにもんでから加えると、お刺身ともなじみがいいし、切り口の尖ったところが口の中で引っかかることもありません。

お刺身はブリのほかにはカンパチや真鯛や平目、アジでもおいしくできます。アジの場合は、わさびをおろししょうがに代えてもいいと思います。

【作り方】2人分

1 まず、ヅケのタレを作って冷ましておきます。酒大さじ2、みりん大さじ1/2、薄口しょうゆ大さじ1弱を小鍋に合わせて煮立て、冷めたらごま油小さじ1とわさび適量を加え、よく混ぜ合わせておきます。

2 みょうが2個は、たて半分に切ってから斜め薄切りにし、まな板の上でごく軽くもみます。

3 ブリのお刺身のサク（約150グラム）は、7ミリほどの厚さに切り分け、1のヅケダレに加えて混ぜ、冷蔵庫で20分ほどなじませておきます。

4　白ごま大さじ2と1/2を香ばしく炒り、すり鉢で半ずりにしたら3に加えてざっくりと和え、ごままみれのブリをお皿に広げ、平らになるよう並べます。
5　仕上げに2のみょうがを、ブリが隠れるほどたっぷり散らしてでき上がり。あれば細切りの青じそを、みょうがと合わせて散らしてもおいしいです。

兄の味付け卵

母が病気で入院してしまい、このところ実家のある静岡と神戸を新幹線で往復しています。長いあいだ、母と暮らしていた双子の兄は仕事が忙しく、ほとんど料理をしないため、私が神戸にもどる前の日には、簡単な保存食を作り置きして帰るようになりました。なかでも、いちばんよく作っているのが味付け卵。

ちなみに私の味付け卵のレシピは、酒大さじ1、みりん大さじ3、しょうゆ1/4カップ、水3/4カップを小鍋に合わせて煮立て、ゆで卵5個を加えたら、転がしながら1分ほど煮、粗熱がとれてから冷蔵庫へ（1週間ほど保存できます）。

そんなある日、神戸からもどってきて冷蔵庫を開けると、見慣れない様子の味付け卵がタッパーに入っていました。漬け汁は濃いめのしょうゆ色、ゆで卵も茶色に染まっています。どうやら、見よう見まねで兄が作ったようです。

おそるおそる半分に切って食べてみると、ごま油と唐辛子の風味がほんのり香る白身は、色の割にはほどよいお味。とろりとした半熟の卵黄に、こっくりと味が染み、有名ラーメン店の名物になりそうなくらいの絶妙なおいしさです。

仕事から帰ってきた兄に、作り方を聞いて驚きました。半熟のゆで卵を大きめのタッパーに並べたら、市販のだししょうゆを水で適当に薄めて加え、香りづけにラー油を落として、冷蔵庫で2日ばかり漬け込んだだけなんだそうです。

メロンの青いところのサラダ

ひとり暮らしの最初の頃には、果物なんて贅沢品だと決めつけていたのですが、いつのまにやら朝ごはんの定番となりました。毎朝、何かしらの果物にヨーグルトをかけ、楽しみに食べています。

りんごでも桃でもキウイでも、皮をむいて食べやすく切ったら、まず、まな板の上のを立ったまままつまみ食い。そのひと口目がたまらない。目覚めたばかりの体に、みずみずしい果物が入ってくるとき、生き物どうしが朝の挨拶を交わしているみたいだなぁと感じるのです。だから、ヨーグルトをかけるのはいつもそのあと。果物のパワーが、ジュワッと染み渡るのを感じてからです。

パイナップルは皮をむいて、ちょっと大きめのひと口大に。夏みかんやグレープフルーツは、房から取り出したのをタッパーに入れておくと、起きぬけのねぼけた頭でもすぐに支度できて便利です。

ブルーベリーやサクランボは冷凍し、凍ったままのをヨーグルトに混ぜることもあります。サクランボの種は、ちょっとお行儀が悪いけど、リスみたいに片方の頬っぺたにためておいて、全部食べ終わってからいっぺんに吐き出します。

さて、そんな夏のある日、「MORIS」の今日子ちゃんから大きなメロンをいただきました。ずっしりと重い、食べ頃のメロンです。メロンなんてそれこそ高嶺の花なので、スーパーで切り売りされている小さなパックでも、買おうかどうしようかいつも迷ってしまうのに、いただいたのは丸ごとのマスクメロン！

ごろごろと大きめに切ったのを、「今日子ちゃん、ご馳走さまです」と声に出して言いながら、毎朝窓辺で存分にいただきました。食べ終わったメロンの皮も捨てられず、ある日、青いところをけずり取って冷蔵庫でよく冷やし、粗塩をふりかけて食べてみました。

これが、予想以上においしかったのです。薄い甘みにシャクシャクとした歯ごたえで、果物と野菜の中間みたいな味。塩をふった上からスダチを搾りかけても合いました。お客さんが来たときに、ひと口大の乱切りにしたのをフランスのアンティークの白皿に盛りつけたら、透き通るように涼しげで、「わーっ！」と歓声が上がりました。食べてみるまで、何のサラダか分からないところも自慢です。

ところでヨーグルトは、クリーム状にしたのを果物の上にとろっとのせるのが好きです。これは、東京の友人Kさんから教わったのだけど、食べるたびにパックの中をスプーンでぐるぐるかき混ぜなめらかに。そうすると、彼女といっしょに旅をしたロシアのヨーグルトの味を思い出すのです。

高級ランチパック

「ランチパック」をご存知ですか？

キヨスクやスーパー、コンビニなどに売っている、手の平にのるくらいの正方形のサンドイッチ。ぷっくりとした白い食パンの中に、いろいろな具が隠れています。なかでもいちばんポピュラーなのは、たまご、ハム＆マヨネーズ、ピーナッツクリーム、ツナマヨネーズでしょうか。たまに、ハムカツやひよこ豆のキーマカレーも見たことがあります。

これも誰かから教わった食べ方なのだけど、私はたまごかハム&マヨネーズを買ってきて、油をひかないフライパンで焼きめがつくまで香ばしく温めたのを、三角に切って食べるのが好きです。

先日、絵描きの友人が作ってくれたのは、中の具が隠れて見えないところが「ランチパック」にそっくりの、ちょっと贅沢な焼きサンド。

パンの上に生ハムがぺろんと1枚のっていたので、ハムトーストかと思ってかぶりついたら、中からほどよく溶けた卵黄入りのクリームチーズが出てきて驚きました。たまたま冷蔵庫にあった「満月卵のクリームチーズディップ」を挟んだらしいのですが、私には思いつかない使い方でした。

ところで満月卵というのは、ゆで卵の黄身のみそ漬けのこと。私がシェフをしていたレストランの人気メニューで、熟成された濃厚なうま味が、日本酒のつまみにも、ご飯にも合うというもの。あるとき思いついて、クリームチーズに満月卵をみそ床ごと混ぜ込んでみたら、ワインに合いそうなもうひとつの人気メニューが生まれました。みそとチーズの組み合わせを洋風に導くのは、粗びき黒こしょうの香りです。

さて、友人の高級ランチパックは、まず山型ハード食パン（5枚切り）の1枚を半分に切り、白い部分の厚みに切り込みを入れて、ポケットを作ります。

満月卵のクリームチーズディップをポケットに挟んだら（はみ出さないよう少なめに）、中火で熱したフライパンで、パンの両面を軽く焼きます。器にのせ、パンと同じくらいの大きさに切った生ハムをのせたらでき上がりです。

【作り方】

◎満月卵（作りやすい分量）

1　ボウルに信州みそなどのクセのない白っぽいみそを1と1/2カップ入れ、酒大さじ3、みりん大さじ1を加えてよく混ぜ合わせ、みそ床を作ります。

2　卵6〜8個は水から11分ゆで、冷水の中で殻をむいて、黄身をくずさないように取り出します。保存容器にうつし入れたみそ床に、間隔を空けながらひとつひとつうずめていき、最後にみそ床を全体にかぶせ、冷蔵庫でねかせます。
※5日目くらいから食べられますが、1カ月以上おくと熟成されてうま味が増してきます。みそ床はみそ、酒、みりんを継ぎ足して、何度でも使えます。

◎満月卵のクリームチーズディップ（作りやすい分量）
ボウルにクリームチーズ50グラムを入れ、満月卵1個をまわりにみそ床がついたまま加えます。木べらやスプーンでざっくり混ぜるのですが、まだらになるくらいに大まかにするのがコツ。粗びき黒こしょうは、食べるときにふってください。
※保存容器にうつし入れ、冷蔵庫で10日間ほどもちます。

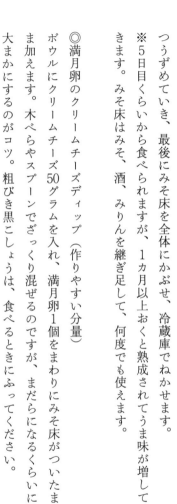

ちくわの磯辺揚げもどき

このあいだ私は、冷蔵庫の片隅に残っている2本のちくわを見て、磯辺揚げがどうしても食べたくなってしまいました。かといって、ちくわ2本のためだけにわざわざ揚げ油を用意するほどではないのです。

ふと思いつき、天ぷら粉を水でどろどろに溶いたものに青のりを混ぜ、ひと口大に切ったちくわをからめて、多めの菜種油で焼いてみました。

天ぷらのようにサクッと軽い衣ではないけれど、味は磯辺揚げ。カリッとした歯ごたえも悪くありません。青のりのかわりに、ゆかりを混ぜてもおいしそうだなと思いました。

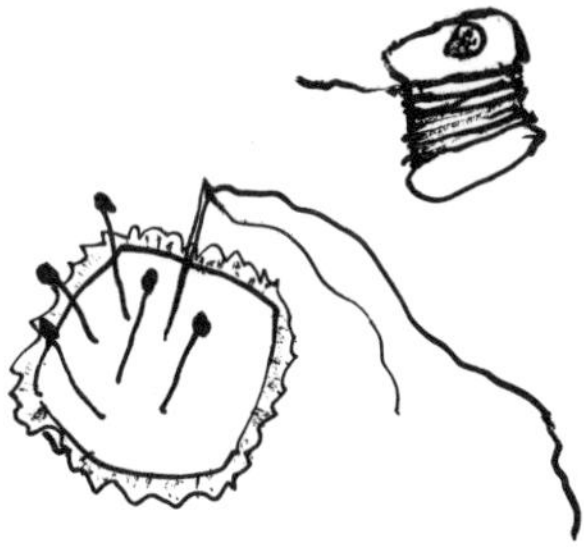

お裁縫に
はまっています。
ミシンがないので
ひと針、ひと針、
空を眺め
お茶を飲んでは
ちくちく、ちくちく。

夏野菜のもずく酢かけ奴

神戸に越してきてから、お世話になってばかりの「MORIS」のひろみさんと今日子ちゃん。買い物がてらぶらりとお店をのぞいて、お茶とお菓子をご馳走になったり、うちにお呼びしてごはんをいっしょに食べたりと、おいしいものの情報交換にはこと欠きません。おかげで「気ぬけごはん」には、毎回のようにご登場いただいています。

今回は、夏の終わりにひろみさんから教わったレシピをひとつ。味付けもずくがタレのようにかかった色鮮やかな冷や奴です。

はじめてご馳走になったのは、イベントの打ち上げの席でした。その日、ひろみさんは腕まくりをして、総勢9名のスタッフたちにお好み焼き（202頁で紹介しました）を焼いてくれました。前菜として出てきたのが、サラダのようなこの冷や奴。ガラスの鉢にめいめいの分が盛りつけられているので、豆腐の白にカラフルな夏野菜、もずくが層になった美しさをひとりじめできます。スッカラと箸を交互に使いながらツルツルいただけば、食べているそばからお腹が空いてくるフレッシュさ。柚子こしょうを少し加えると、味が引き締まってさらにおいしい。

この料理は、目のご馳走でもあります。ぜひともガラスの器をひとりひとつずつご用意ください。深めの中鉢が理想ですが、そうめんのおつゆを入れる器にこぢんまりと盛りつけても、素敵だと思います。

では、作り方です。オクラはへたのぐるりをむき取り、色よくゆでて冷水にとったものを小口切り。輪切りのきゅうりは軽く塩をあて、水けを絞ります。トマトはさいの目切り、みょうがと青じそは細く刻んでおきます。器の底に奴に切った絹ごし豆腐を入れ、用意した夏野菜の具を順にのせていきます。上からもずく酢をとろりとかけ、好みで柚子こしょうを添えてでき上がり。

今日子ちゃんは、ここに焼きなすを加えるのが好き。豆腐の上に長いもをすりおろし、夏野菜、もずくと重ね、「ダブルヌルヌル」にしてツルッと食べることもあるんだそうです。柚子こしょうのかわりに、わさびやタバスコでも合いそうな気がしました。

なすとズッキーニの焼きそば

めずらしくお客さんが重なり、ご馳走続きで食べ疲れてしまったある日の夕食。冷蔵庫の半端な野菜で何か作ろうと思うのだけど、何を食べたいのか分からなくなりました。

焼きそばの麺が1袋。けれど、豚肉もキャベツもありません。野菜室にはなすとズッキーニの使いかけがありました。まるでパスタの具のようだけど、まあいいかと作りはじめました。本当をいうと私は、ごく普通のソース焼きそばが好きなのです。

細長く切ったなすとズッキーニを菜種油で炒め、焼きそばを加えて炒め合わせているとき、麺のところどころが紫色に染まってしまい、「しまった！」と思いました。でも、添付の粉末ソースを加えたら気にならなくなりました。濃いめのソース色になって、かえって食欲がわくくらい。

器に盛りつけ、青のりをふりかけてから、さらに目玉焼きをのせてみました。鉄のフライパンに油をちょっと多めに熱し、ふたをせずにごく弱火でゆっくり火を通した半熟の目玉焼き（今日子ちゃんから教わりました）です。このやり方だと、まわりはカリカリなのに白身はふっくら、黄身はとろり、極上の目玉焼きが焼けるのです。

目先の変わった焼きそばは、なすとズッキーニと麺の絡みが予想外で、なんだかとてもおいしかった。味はまったくの焼きそばなのだけど、なんとなく洋風の焼きそばという感じなのです。1本だけ残っていたウインナーを斜め切りにして入れたのだけど、なくてもよかったなと思いました。

かぼちゃととうもろこしのポタージュ

去年（2019年）の夏に母が入院し、流動食しか受けつけなくなったとき、私は病院で出されるものをおさじですくって、母の口に運んであげるのがせいいっぱいでした。料理家なんだから、本当は滋養のあるスープやのどごしのいいポタージュなど、少しでも作ってあげられたらよかったのに。

それでも二度ばかり、簡単なポタージュをこしらえ病室に持っていったことがありました。ポタージュなんて、そんなたいそうなものではありません。だしもとらず火にもほとんどかけない、混ぜるだけのとろみスープ。でもそれが、なかなかおいしかったのです。

母が眠りはじめると、私はよく病院の近くのコンビニやスーパーまで散歩に行き、息ぬきをしていました。ふだん気にかけないような棚をすみからすみまで眺めたりして。そこでみつけたのが、クリーム状のとうもろこし。缶詰のクリームコーンは昔からあったけれど、真空パックに入ったものをはじめて見ました。

さっそく買って帰って封を開けると、缶詰のクリームコーンよりもきめ細かく、とうもろこしの薄皮がほとんど見えません。

そこで、冷蔵庫にあったかぼちゃをやわらかく煮て、つぶし、クリームコーンを加え、母の好きな豆乳でのばしてみました。するとそれだけで、とてもなめらかなおいしいポタージュ（もどきですが）ができたのです。混ぜながら思い描いていたのは、アニメーションで見たことのあるムーミンママの黄色いかぼちゃのスープ。

このポタージュをあげたとき、母は一瞬、ものすごく驚いたような顔をしました。病院の流動食は、おもゆのほかには干ししいたけの香りのすまし汁か、とろみつきのコンソメスープくらいだったから。

もうおしゃべりもできずに眠ってばかりで、目つきもとろんとしているのに、口を開けるスピードがとても早く、腹ぺこのひな鳥みたいに、もっと、もっととせがんでいました。しまいには顔を下に向け、私が手に持っている器に直接口をつけ、自分で飲もうとしたくらい。母の様子が可笑しいのとうれしいのとで、私は声を上げて笑いました。
このスープはもしかすると、離乳食にもいいかもしれない。熱くも冷たくもない、肌と同じくらいの温度の、甘くやさしい味のポタージュです。

【作り方】1人分

1　かぼちゃの皮をむき（正味70グラム）、ひと口大に切って小鍋に入れます。ひたひたよりも少なめの水（約$\frac{1}{3}$カップ）と塩ひとつまみを加え、ふたをして中火にかけます。

2　煮立ったら弱火にし、かぼちゃがやわらかくなるまで煮ます。

3　火を止め、鍋の中で熱いうちにかぼちゃをつぶします（鍋に残った水分も混ざるように）。クリームコーン大さじ3を加え、泡立て器でゆっくり混ぜながら、ほどよいとろみになるまで、豆乳適量で少しずつのばしていきます。茶こしかざるでこしたら、でき上がり。

カラスガレイの白みそ漬け

神戸に来てから好きになった食材のひとつに、カラスガレイがあります。ふわっとやわらかな白身は脂がのって、皮がまたおいしい。赤ガレイか真ガレイ、あとは冷凍のムキガレイ（サメガレイ）くらいしか東京では食べたことがなかったけれど、身がより繊細でとろけるような舌ざわり。子どもの頃に、お腹をこわすと祖母がよく煮つけてくれた、消化のいい太刀魚にもちょっと似ています。

はじめて食べたのは、「MORIS」の今日子ちゃんに教わった、隣町の魚屋さんのみそ漬け。昔ながらの市場にあるその小さな魚屋さんには、いろいろな魚のみそ漬けが並んでいて、私は迷いに迷い、鮭とカラスガレイを買ったのです。

カラスガレイという名前にも惹かれました。カラスの羽根のような漆黒の皮に覆われているからでしょうか。詳しく調べてみると、ギンガレイという別名を持ち、体長は1メートルもあるんだそう。

そのカラスガレイ。このあいだ、お腹をこわし気味の日に、スーパーで切り身のパックをみつけ、買って帰りました。一切れは夕食に甘辛く煮てお粥とともに食べ、残りはその日のうちにみそ漬けに。

みそ床は、魚屋さんの味を思い出しながら、京都の白みそを麹の粒が残った甘酒でとろりとのばし、たまたまあった柚子の皮も刻み入れてみました。焼いたときに、ふわっと香るように。2日ほどたった夕食に焼いて、炊き立てのご飯にのせて食べた、そのおいしさといったら！

箸を入れるとすっとほぐれるカラスガレイは、思った通りに甘くやさしい味。皮ごと厚切りにしたかぶをごま油で焼き目がつくまでじっくり焼いた添え物とも、相性バツグンでした。

そういえば京都の甘い白みそも、神戸に来てから常備するようになった調味料のひとつ。おみそ汁を作るときに普通のみそだけではもの足りず、日によって割合を変えながら合わせているのです。

お椀から立ち上る、ほの甘いみその香りに包まれると、心の底からほっとします。

白みそだけでこしらえた百合根のおみそ汁も、上品でおいしかったなぁ。

ここで生活していると、自然と関西風の味付けが好きになり、体になじんできているのが分かります。水が変わると体も変わってくるのでしょうか。不思議なような、ちっとも不思議でないような。

みそ汁に「お」をつけるようになったのも、こっちの友人たちがみなそう呼んでいるのがうつったせいもあるけれど、お椀を両手で持ってひと口吸うたびに、本当に「お」をつけたくなるくらいありがたい味だと、素直に感じるようになったから。

ところで、神戸の人はコープ（生協）のことを親しみを込めて「さん」づけします。うちのガスコンロには魚焼き用のグリルがついていないので、昔から魚はフライパンで焼いていたのですが、近頃その「コープさん」で、すぐれものをみつけました。

「くっつかないホイル」という、アルミ箔に何かの表面加工がされたものです。その上に魚を並べてふたをして焼くと、油もひいていないのに、みそ漬けの魚でもすっとはがれ、とってもきれいな焼き目がつきます。

「くっつかないホイル」をしけば、お餅やおにぎりもフライパンで焼けるそうなので、いつか白みそを塗ったおにぎりを焼いてみたいです。ピリッと辛い柚子こしょうを混ぜてもいいかもしれません。

赤かぶ漬けもどき

赤かぶ漬けは私の好物。あの独特の香りと、ほのかな苦み。甘酸っぱさもほどよくて、ときどき無性に食べたくなります。

1袋買ってくると保存容器にうつし入れ、毎食楽しみに食卓に並べるのですが、食べ終わったあとも漬け汁が捨てられなくて、とっておいたことがありました。

さて、うちの乾物入れの常連さんの切り干し大根は、野菜が何もないときの大事な助っ人。もどさずにそのまま鍋に入れ、手っ取り早くおみそ汁の具にしたり、もどしたものをごま油と薄口しょうゆで和えたり。私はそこに、柚子やスダチを搾ってほんのり酸味をつけるのが好きなのだけど、ふと思いついて、赤かぶ漬けの汁に浸けてみることにしたのです。

翌朝、ほどよく汁を吸った切り干し大根は、ほんのり桜色に染まっていました。ひと口つまんでみると、「わー！」と手をたたきたくなるほどのおいしさ。干し大根特有のほろ苦さ、香り、歯ごたえ、甘酸っぱさが、赤かぶ漬けの味を蘇らせてくれました。

作り方は、もどした切り干し大根の水けをきゅっと絞って軽くほぐし、浸けるだけ。赤かぶ漬けが好物の方、これ本当におすすめです。

風邪っぴきのヨーグルト

風邪でのどが痛かった日に、絵描きの友人がめずらしいものを作ってくれました。カフェオレ・ボウルのようなガラス器のいちばん底には、バナナの輪切り、次にりんごのすり下ろし。さらに、ひと口大に切ったりんごと洋梨を重ね、上からとろりとヨーグルト。ヨーグルトの上には、色とりどりのドライフルーツ（杏、パイン、キウイ、クランベリー、イチジクがさいの目にカットされている）まで散らしてありました。

食べながら私は、子どもの頃に風邪をひいて熱を出すと、わざわざ八百屋さんまでりんごを買いに行ってくれた祖母のことを思い出していました。

皮をむいて、お椀にすり下ろしたのを、小さなおさじでゆっくりゆっくりすくって、口に入れてもらっているあいだに、りんごは赤茶の哀しい色にくすんでいってしまうのだけど。祖母のすり下ろしりんごは特別でした。

そういえば、ひとり暮らしをはじめた頃に風邪をひいて、すり下ろしりんごをベッドの中で食べたことがあったっけ。でもこういうのは、自分ですするとちっとも感動がありません。

友人のヨーグルトは、小さな泡立て器で空気を含ませながらよく混ぜてありました。甘みのないふんわりクリーミーなヨーグルトに、すり下ろしりんごがやさしくからまり、なんだかあっさりめのフルーツパフェみたい。弱っている体にもすーっと染み入ってきました。

彼の家は、家族でお店（カーテン屋さんです）をやっているので、子どもの頃に風邪をひくと、砂糖を溶かした甘いお湯を水筒に詰めたのを、仕事に出ていくお母さんからよく手渡されたそうです。『これ飲んで、寝とき』と言われ、誰もいない家でおとなしく寝ていました」。

子どもの頃の風邪の思い出話というのは、みなどこかしら甘酸っぱく、いろんな人のを聞いてみたくなります。

謝肉祭のカレー＆イカスミリゾット

「くちぶえサーカス」と銘打った、絵描きの友人のイベントに参加してきました。会場は北九州市にある「Operation Table《オペレーション・テーブル》」。ゲストルームが設けられたギャラリーなので、地元の友人たちとオーナーの真喜子さんの5人で、1週間にわたる合宿のような日々を過ごしました。私たちも〝くちぶえ一座〟という旅芸人の一員として、サーカス団の絵が飾られた会場で、ライブペインティング、歌とギター、料理を組み合わせたイベントを開いたのです。

もともと動物病院だった「Operation Table」は、空色の壁が目印の、古くて頑丈な3階建て。出入り口にはオリーブの木が、裏の原っぱにはローズマリーやミントが育ち、表から見ると外国の小さなホテルみたい。

私が泊まっていたのは、展示会場と台所に挟まれた部屋だったので、朝、ソファーベッドでうとうとしていると、どこかで誰かが立てる音が聞こえてきました。最初に起きてきた人がなんとなしに洗い物をはじめ、コーヒーを淹れ……次に起き出した誰かが掃除をしたり、ゴミをまとめて出したり、朝ごはんの支度をしたり。台所はもちろん真喜子さんの生活の場なのだけど、滞在中のアーティストたちのリビングとしても開放されているのです。

若い頃に美術館の学芸員をしていた真喜子さんは、今は大学で美術を教えていらっしゃる。海外に出かける機会も多いようで、棚や引き出しには、いろいろな国のスパイスが所狭しと並んでいました。めずらしいところでは、クスクスにかけるラグー用のミックス・スパイスだとか、フュメ・ド・ポアソン（魚介のだし）用のブーケ・ガルニのパック、ハンガリー産のパプリカなど。あと、すりこぎほどの大きさの肉桂《にっけい》（シナモンではない）の樹皮まで。

長いあいだ、真喜子さんのご両親（お父さまは獣医）が住んでいた実家だから、台所は日本風の造りなのだけど、鍋もフライパンも本格的なのがレストラン並みに揃っているし、食器棚には和、洋、中、アジア、東欧風のものまで、気になる器がぎっしり。

食いしんぼうの真喜子さんは、打ち上げパーティーのたびに市場にくり出し、新鮮な食材を買ってきては腕をふるい、大盤振る舞いをするのだそう。食べ切れなかったご馳走は、日付を書き込んで大事にとっておくので、冷蔵庫も冷凍庫も残り物で満杯でした。

おかげで私の料理魂《だましい》に火がつきました。みんなの賄いは、あるもので作ろう！まず取りかかったのは、台所の掃除から。冷蔵庫の中身を確かめ、スパイスを種類別にまとめ、よく使う調理器具を手前に出し、食卓のクロスをはずして調理台のように整えました。

冷凍庫の食材を一掃するのも、とっても楽しかった。解凍した肉類でこしらえたある日の賄いは、「謝肉祭のカレー」。ハム、ベーコン、豚肉、鶏肉、鴨肉、牛すじ肉などを片っ端から刻んでミンチにし、ギター弾きの友人に手伝ってもらいながら、みじん切りの玉ねぎをじっくり炒め、スパイスをふんだんに使ってインド風のカレーにしたのです。

冷凍庫には、なぜかイカスミがたくさんありました。その理由はあとから分かるのですが（「鯖のマリネ」に書きました）、これまた冷凍されたお赤飯やおにぎりを集め、真喜子さんがこしらえた真っ黒で濃厚なイカスミリゾットは絶品でした。お赤飯のおかげで心なしかもっちりとしたのが、鉄のフライパンごとどーんと食卓に登場したのもカッコよかった。ワイン片手にガス台の前に立った真喜子さんは、ひょいひょいっと、気軽な感じで作っていました。イタリアかスペインの陽気なおばさんみたいに。

作り方はこんなふう。まず、大きな鉄のフライパンにオリーブオイルを熱し、粗く刻んだたっぷりのにんにくを炒める。唐辛子もちぎって加え、炒める。

香りが立ったところにイカスミを加え、フライパンの底になすりつけるように炒めたら、オリーブオイルを足し、解凍したご飯の類いをほぐしながら炒め合わせる。あとは、白ワインをドボドボと加えてイカスミを煮とかし、粗塩、黒こしょうをガリガリ。木べらで始終混ぜながら、煮汁をご飯に吸わせていく。真喜子さんはイカゲソやワタ、お刺身用のタコなども次々解凍して加えていました。あと、オリーブオイルも何度となく追加（これも、濃厚な味のポイントだと思う）。

ところで、真喜子さんの台所には砂糖がありません。そしてオリーブオイルはドカンと大きいのが常備してあって……そういうところも外国みたい！でした。

鯖のマリネ

私は、〝くちぶえ一座〟の賄い婦として、お客さんたちのためにも毎日こつこつとご馳走を仕込んでいました。

イベントの日のメニューを、思い出してここに書いてみます。

まず、手作りソーセージを3種類。いつもは豚腸に詰めるのだけど、羊の腸にも挑戦してみました（スパイスを組み合わせ、豚ひき肉だけのものと、合いびき肉を混ぜたもの）。シガラ・ボレイ（トルコの春巻き）、モンゴル餃子（網で焼いたトマト、にんにく、唐辛子、レモン汁、オリーブオイルを混ぜたタレ）、鍋焼きローストポーク（大きな豚塊肉にローズマリーとにんにくを突き刺し、粗塩、オリーブオイルをすり込んでマリネに。肉のまわりに玉ねぎとにんじんをぎっしり並べて蒸し焼きに）、大かぶらの塩もみ（柚子こしょう、甘口しょうゆ、ごま油）、トマトのサラダ、ハンガリアン・グヤーシュ、チキンとミートボールのカレー、平パン（ふきのとうみそ添え）、ボルシチ、鯖のマリネ。これで全部だったかな。

鯖は、真喜子さんとバスで出かけた「黄金《こがね》市場」の馴染みの魚屋さんで、刺身でも食べられそうな新しいのを丸ごと1本買い、三枚に下ろしてもらいました。

お頭つきの鯖など、東京でも神戸でも見かけたことがありません。ナマコや甲イカの皿盛りなんか、はじめて見ました。それに、驚くほど安い。真喜子さんはここでイカを買うたびに、「『ワタやスミはいる？』って必ず聞かれるから、『いります』って答えるの。そうするとよけいに入れてくれるのよー」。

さて、買って帰った鯖は、真喜子さんお得意のしめ鯖にしてもらう予定だったのだけど、塩をしたままイベント当日まで忘れてしまい、私とお手伝いの女の子で急きょマリネに。これがまたおいしかった！　もしかすると、たっぷりめの塩で丸2日間ねかしておいたのがよかったのかもしれません。*

鯖のマリネの作り方は、塩を洗い流して酢に20分ほど浸し、骨と皮をのぞくとこ

＊アニサキス症の予防には、塩じめ工程でマイナス20℃で24時間以上冷凍し、冷蔵庫で解凍することをおすすめします。

ろまではしめ鯖と同じ。そぎ切りにしたのを長方形のお皿に並べてから、すり鉢でつぶしたにんにく入りの、黄金色のオリーブオイルをふんだんにまわしかけました。両脇には棚の奥でみつけた黒と緑のオリーブを。お客さんたちはお皿に残ったオイルまでパンに浸し、すべてたいらげてくれました。

そんなこんなで、ライブ中にみんなで歌った『東京キッド』の替え歌（私が作りました）の通りになったのです。

♪腹がへったらオペレーション・テーブル　こがね市場の　金の魚《うお》。

『東京キッド』
作詞：藤浦 洸　作曲：万城目 正

歌も楽しや　くちぶえ一座
泣くも笑うも　のんびりと
右のポッケにゃ　歌がある
左のポッケにゃ　えのぐのチューブ
腹がへったら　オペレーション・テーブル
こがね市場の　金のうお

本書は、『暮しの手帖』第4世紀67号（2013年 冬の号）から第5世紀6号（2020年 初夏の号）に掲載された「気ぬけごはん」を、加筆修正して一冊にまとめたものです。

高山なおみ　１９５８年静岡県生まれ。料理家、文筆家。レストランのシェフを経て、料理家になる。飾らない暮らしのなかで生み出される料理は親しみ深く、文筆家としても高い評価を受けている。また近年は、絵本作りにも精力的に取り組み、ますます活躍の幅を広げている。

著書に『帰ってきた 日々ごはん』シリーズ、『野菜だより』、『チクタク食卓㊤㊦』『本と体』（アノニマ・スタジオ）、『押し入れの虫干し』、『料理＝高山なおみ』（リトルモア）、『ロシア日記』、『ウズベキスタン日記』（新潮社）、『実用の料理 ごはん』（京阪神エルマガジン社）、『ココアどこ わたしはゴマだれ（共著・スイセイ）』（河出書房新社）、『たべもの九十九《つくも》』（平凡社）など多数。絵本に『どもるどだっく』（ブロンズ新社）、『たべたあい』（リトルモア）、『ほんとだもん』（ＢＬ出版）、『くんじくんのぞう』（あかね書房）、『それから それから』（リトルモア）以上絵・中野真典、『おにぎりをつくる』、『みそしるをつくる』（ブロンズ新社）以上写真・長野陽一、『ふたごのかがみ ピカルとヒカラ（絵・つよしゆうこ）』（あかね書房）など。近著に『自炊。何にしようか』（朝日新聞出版）がある。

http://www.fukuu.com/

気ぬけごはん❷ 東京のち神戸、ときどき旅

二〇二〇年十一月二十二日 初版第一刷発行

著　者 高山なおみ

発行者 阪東宗文

発行所 暮しの手帖社 東京都千代田区内神田一ノ一三ノ一 三階

電　話 〇三－五二五九－六〇〇一

印刷所 株式会社 精興社

ISBN978-4-7660-0220-1　C2077

第１集
気ぬけごはん
高山なおみ 著

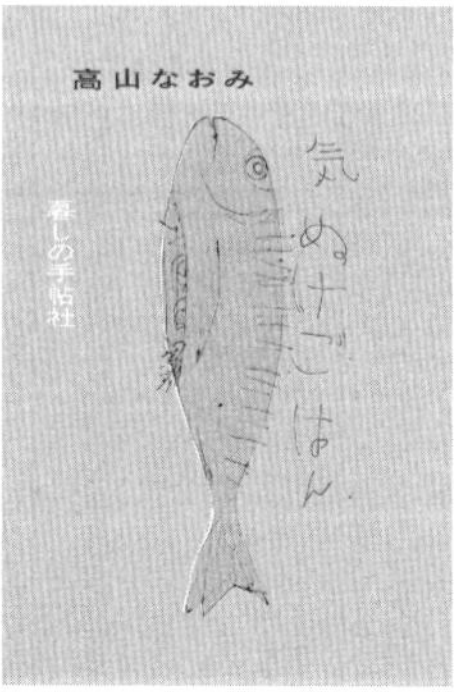

本体価格１，３００円（税別）

２００９年秋から２０１３年秋にかけての連載25編を収録。料理の決まりごとから自由になった、安心できて、特別じゃないけれどおいしくて心からほっとできる、それが「気ぬけごはん」。料理家・高山なおみさんの飾らない日常で生まれたレシピが、エッセイとともに綴られています。

もくじより

●キャベツたっぷりオレキエッテ ●油揚げの煮たの ●青大豆と野菜のスープ ●苺のババロア ●スパムむすびもどき ●ハワイ風やたら炒め ●さわやか麻婆豆腐 ●タジャリネス ●新しょうがで2種 ●たこ焼きバラエティー ●インド式スパイスミルクティー ●れんこんのチヂミ風 ●モロッコいんげんのゆでたの ●豆腐のポタージュ ●土鍋ごはんとレトルトカレー ●自家製干ししいたけの中華どんぶり ほか70品あまりのレシピを収録。